T0153730

Berliner Arbeiten zur Erziehungs- und Kulturwissenschaft

Band 66

Herausgegeben von Christoph Wulf
Freie Universität Berlin
Fachbereich Erziehungswissenschaft und
Psychologie

Ekaterina Supyan

‚Brautschau' auf Russisch-Jüdisch-Deutsch

Ein- und Ausgrenzungsprozesse des Netzwerks
russisch(sprachig)er Juden in Deutschland

Logos Verlag Berlin 2014

Bibliografische Information der Deutschen Nationalbibliothek

Die Deutsche Nationalbibliothek verzeichnet diese Publikation in der Deutschen Nationalbibliografie; detaillierte bibliografische Daten sind im Internet über http://dnb.d-nb.de abrufbar.

Umschlaggestaltung: Lothar Detges, Krefeld

ISBN: 978-3-8325-3685-5

Logos Verlag Berlin GmbH
Comeniushof, Gubener Str. 47,
10243 Berlin
Tel.: +49 030 42 85 10 90
Fax: +49 030 42 85 10 92
INTERNET: http://www.logos-verlag.de

Danksagung

Zu Beginn will ich mich bei meinen Interviewpartnern bedanken. Ohne ihre Aufgeschlossenheit und Hilfsbereitschaft wäre diese Arbeit nicht denkbar.

Auch möchte ich meinen Betreuern an der Europa-Universität Viadrina – Prof. Dr. Schiffauer und Prof. Dr. Schoor – danken, die mich mit ihren Vorschlägen bei der Studie begleitet und stets weitergebracht haben.

Nicht zuletzt gilt mein Dank Esther, aber auch Lena, Nina und Markus für ihre konstruktive Kritik, Zeit und Geduld, Alina für die kollegialen Ratschläge und natürlich meinem Sebastian für seine Unterstützung.

Im besonderen Maße möchte ich der
Ursula Lachnit-Fixson Stiftung
für ihre außerordentliche Großzügigkeit danken. Dieses Band konnte nur mit Hilfe ihrer raschen Unterstützung bei den Druckkosten erscheinen.

Inhalt

Vorwort

Was habe ich mit Juden gemeinsam?
Ich habe kaum etwas mit mir gemeinsam.
(Franz Kafka, Tagebücher)[1]

Die Themen, denen ich mich in dieser Arbeit stelle, begleiten mich seit vielen Jahren auf meinem privaten und akademischen Weg. Deshalb möchte ich diesem Weg einleitend einige Zeilen widmen.

Seit ich im Alter von sechs Jahren im russischen St. Petersburg, wo ich in einer jüdischen Familie geboren wurde, zum ersten Mal die antisemitische Bezeichnung ‚Zhidowka'[2] zu hören bekam, stellte ich mir die Fragen, die sich alle Juden früher oder später stellen: *Was haben Juden gemeinsam? Und was habe ich mit ihnen gemeinsam?* Dieselben Fragen erschienen im neuen Licht, als meine Familie Ende der 90ger als sog. ‚jüdische Kontingentflüchtlinge' nach Deutschland auswanderte. Plötzlich fand man sich mit Juden aus dem gesamten postsowjetischen Raum in einer Gemeinschaft wieder und wusste nicht Recht das Jüdische in das eigene Selbstverständnis einzugliedern. Jugendliche wie ich waren nun mit neuen Selbstverortungen konfrontiert: Während es Zuhause hieß, dass Religion ‚Opium fürs Volk' sei, ging man doch zum jüdischen Religionsunterricht, lernte ein wenig die Thora und die Geschichte ‚eigener' Wurzeln. Während man in deutschsprachigen Freundeskreisen, zu Beginn jedenfalls, als Ausländerin galt, war man unter ‚Russen' als ‚Jüdin', unter ‚deutschen Juden' die ‚Russin' und unter ‚russischen Juden' die ‚Hochmütige, wie alle Petersburgerinnen'. Ob man wollte oder nicht, stieß man ständig an neue Grenzen, von deren Existenz und Undurchlässigkeit man immer wieder überrascht wurde.

Das Identitätsangebot, das sich vor einem entfaltete, drängte einen lediglich dazu sich zu entscheiden. Ich persönlich war auf meinem Weg stets bemüht nach Gemeinsamkeiten mit der Mehrheitsgesellschaft zu suchen. Heute, nach über 17 Jahren in Deutschland, verbindet mich hauptsächlich die Herkunft mit meinen ‚Schicksalsgenossen'. Viele meiner damaligen Freunde haben andere Prioritäten gesetzt und sind dementsprechend den ‚russisch-jüdischen Weg' gegangen.

In dieser Arbeit möchte ich die teilweise unsichtbaren und dennoch starken Bande untersuchen, die die russischsprachigen Juden meiner Generation zusammenhalten. Dabei möchte ich interdisziplinär in der

---

[1]   In: Koch, Hans-Gerd / Müller, Michael / Pasley, Malcolm (Hrsg.) (1990): Tagebücher. Eintrag vom 8. Januar 1914. Frankfurt/M.: S. Fischer Verlag. S 622.

[2]   Russisch, herabsetzend für Jüdin

5

Tradition der Kulturwissenschaften bzw. der Sozialethnologie „die soz[ialen] Beziehungen der gesellschaftl[ichen] Einheiten innerhalb einer Kultur" (Haller 2010: 21) untersuchen, die ständigem sozialem Wandel unterliegen. Um eine ‚Momentaufnahme' der Lebenswelt empirisch (er)fassen zu können, eignet sich besonders eine qualitativ orientierte Forschung. „Sie will nicht ‚messen' und nicht erklären, sondern verstehen, was in ihrem jeweiligen Objektbereich geschieht. Zentral ist hierbei die Perspektive der Handelnden, die Untersuchungsgegenstand sind." (Raithel 2008: 8) Sicherlich geht es auch um die Unterstützung der Erkenntnisse durch Theorien, das Hauptziel der angewandten Ethnologie ist jedoch das Verstehen „praktischer Probleme" (Harris 1989: 17).

Zum Thema ‚Verstehen' sagt Bourdieu, dass jede soziale Interaktion, also auch ein qualitatives Interview, „unter dem Zwang gesellschaftlicher Strukturen stattfinde[t]" (Bourdieu 2005: 394). Das „Eindringen und Sicheinmischen" (ebd.) der Interviewer, ihre Interpretationen des Gesagten und Nicht-Gesagten wie auch die Herstellung förderlicher sozialer Distanz und die Eingrenzung der Subjektivität des Forschers sind nur einige verzerrende Faktoren. „Es geht darum, diese Verzerrungen zu erkennen und zu kontrollieren", empfiehlt Bourdieu (ebd.). Demnach muss ich mir bewusst machen, dass ich die untersuchten Fälle nicht vollkommen objektiv betrachten kann. Doch dies ist nicht nur ‚gefährlich', sondern auch nützlich. Gerade die Gemeinsamkeiten mit den Interviewpartnern, wie Herkunft und Sprache, können ein „Geschenk" (ebd.: 401) sein. Die Solidarität mit den Erzählpersonen war für mich solch ein ‚Geschenk'. Für ein gelungenes Interview müssen sie „vor allem die Überzeugung gewinnen, dass […] die Interviewerin sie verstehen kann" (Helfferich 2004: 106). Meine Zugehörigkeit zu der untersuchten Migrantengruppe half mir in den Gesprächen eine vertrauens- und verständnisvolle Atmosphäre herzustellen, gewährte einen Insider-Einblick in die Thematik und ebnete bei der Recherche den Weg zu besonderen Quellen.

1. Einleitung

Inspirationsquelle

DU, ja genau DU: jüdisch, dunkle Haare, dunkle Augen, schlank, keine Brille, traditionell und nicht religiös lebend, leicht crazy, aber auch vernünftig, warmherzig, gutmütig, romantisch und mit vielen Träumen, die noch verwirklicht werden sollen: Melde Dich bei mir! (DAN: 159)[3]

Mit diesem Aufruf in mehreren ‚jüdischen' Facebook-Gruppen, die hauptsächlich über Veranstaltungen oder Nachrichten informieren, sorgte Dan[4] im November 2011 für großes Aufsehen. Meist dienen diese Foren den russischsprachigen, jüdischen, selten religiös lebenden jungen Erwachsenen zum Austausch. Die Mehrheit von ihnen ist mit ihren Familien vor 10-20 Jahren aus den Ländern der ehemaligen Sowjetunion als ‚Kontingentflüchtlinge'[5] nach Deutschland immigriert – anders als Dan, der in Israel geboren ist. Die für das Forum ungewöhnliche Direktheit der Kontaktanzeige, kombiniert mit seiner Herkunft, löste eine aufregende Online-Diskussion aus, bei der fast tagelang im Minutentakt kommentiert wurde.[6]

Zuerst mokierte man sich über die Formulierung, die Kombination von ethnischen, äußerlichen und charakterlichen Kriterien, die derartig aneinandergereiht als gleichgewichtig erscheinen. Sicherlich machte auch

---

[3] Quellenangaben zu den Zitaten von Interviewpartnern beziehen sich auf die Seitenzahlen des Transkripts, der alle im Folgenden zitierten Interviews und Facebook-Unterhaltungen in transkribierter Form enthält. Syntaktische o.a. Fehler blieben weitgehend unverändert. Aus Datenschutz- und Platzgründen können die Interviews nicht veröffentlicht werden. Beim Zitieren aus dem transkribierten Material gilt im Folgenden die Harvard-Zitierweise (NAME: *Seite im Transkript*). Durch die Großschreibung sollen diese mündlichen Quellen von anderen abgesetzt werden.

[4] Hier und im Folgenden sind (fast) alle Namen der Interviewpartner abgeändert. Anonymisierung ist allerdings nur begrenzt möglich, da die meisten Netzwerkmitglieder einander kennen.

[5] Auf Grundlage des „Gesetzes über Maßnahmen für im Rahmen humanitärer Hilfsaktionen aufgenommene Flüchtlinge (HumHAG, [dem] so genannten Kontingentflüchtlingsgesetz)" (Haug 2007: 7) bekamen diese Immigranten einen „Anspruch auf unbefristete Aufenthalts- und Arbeitserlaubnis und auf Sozialleistungen wie Eingliederungshilfen (zum Beispiel Sprachkurse), Sozialhilfe, Wohnungsgeld, Kindergeld und BaföG" (Körber 2009: 238). 2005 wurde die Einwanderung eingedämmt. Von Januar 1990 bis Ende 2006 wurden „maximal 226.651" (Haug 2007: 8) Zuwanderer aufgenommen.

[6] Insgesamt dauerte die Diskussion ungefähr zwei Wochen.

das Thema selbst neugierig – es dürfte einen nicht überraschen, dass gerade Zwanzig- bis Vierzigjährige sich für Partnersuche interessieren.

ROMAN (22:50): Ha Dan, jeder von uns würde so ein Appell hier posten, aber nur Du alleine hattest Mumms dafür. Wir ehren Dich auf unsere Weise. :-)

DAN (22:52): Hoffe, das war nicht ironisch gemeint, Roman. (Tanskripte: 160)

Doch dann wechselte einer der Gesprächspartner vom Deutschen ins Russische, sodass Dan, der eine andere Migrationsgeschichte hat und kein fließendes Russisch spricht, nicht mehr folgen konnte. Prompt brach eine emotional aufgeladene Debatte los. Mehrere Tage und Nächte hindurch folgten einige Hundert Facebook-Kommentare über Migration und Integration, über Identität und Zugehörigkeit, über die Schwierigkeiten des ,russischen' Zuwachses in den jüdischen Gemeinden, über das ,wahre' Jüdischsein, über die ,alte' und die ,neue Heimat' wie auch über das ,gelobte Land', und allgemein über die Zukunft des jüdischen Volkes und somit wiederrum über die ,richtige' Partnerwahl. Diese Themen, die offensichtlich bewegen, die verschiedenen Stadtpunkte und vieles andere, was zwischen den Zeilen verborgen blieb, waren Grund für meine qualitative Studie über die PartnerInnenwahl[7] und die Zugehörigkeit zum Netzwerk russisch(sprachig)er Juden in Deutschland.

Forschung

Inspiriert von Dans Aufruf war PartnerInnenwahl das übergeordnete Thema der 18 qualitativen teilnarrativen Interviews, die im Winter 2012/13 mit nicht religiösen männlichen Juden geführt wurden.[8] Kontaktiert wurden die Gesprächspartner hauptsächlich in den erwähnten ,jüdisch-russischen' Facebook-Foren[9]. Die darauf folgende Forschungsreise führte durch ganz Deutschland, sozusagen auf den Spuren der jüdisch-russischen

---

[7] Zu Gunsten der Lesefreundlichkeit wird auf das Gendern im Folgenden weitgehend verzichtet. Allerdings wird der Begriff *PartnerInnenwahl* beibehalten, um hervorzuheben, dass es sich hauptsächlich um männliche Juden und um ihre Beziehungen zu Frauen handelt.

[8] Es gilt anzumerken, das es ein Probeinterview mit einer jungen Frau gab, was zur Schlussfolgerung führte das Sample auf Männer zu begrenzen. Auch wenn alle Interviews auf Deutsch geführt wurden, waren bis auf Dan, wie bereits erwähnt, alle Gesprächspartner russischsprachig. (Ausnahme ist das Interview mit Marianna, die die ,Jewish Agency for Israel' vertritt, somit indirekt zum Sample gehört und als Expertin gesehen werden kann. Dieses Interview wurde auf Englisch geführt.)

[9] Die wichtigsten Gruppen für das Netzwerk sind ,JuBuK' (Jüdische Bildung und Kultur e.V.) mit über 1000 Mitgliedern sowie ,BJSD' (Bundesverband Jüdischer Studierender in Deutschland) mit über 1200 Mitgliedern. Die meisten Mitglieder sind in beiden dieser Gruppen vertreten.

Facebook-Community: von Berlin nach Hamburg, über Bayern und Baden-Württemberg ins Rheinland und schließlich an den Main.[10]

Forschungsreise

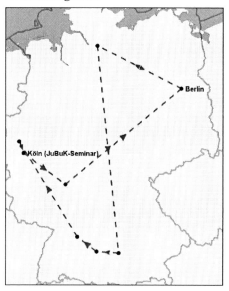

Die aktivsten Mitglieder der jeweiligen Facebook-Gruppen kennen sich häufig persönlich, viele sind privat befreundet. Man trifft sich auf diversen jüdischen Partys und verbringt zusammen ganze Wochenenden bei überregionalen Bildungsseminaren. Solche Veranstaltungen bieten die Chance Freunde zu sehen und natürlich auch Ausschau nach einer möglichen Partnerin zu halten – wenn man nicht die meisten Frauen bereits kennen würde... Glücklicherweise ergab sich für mich die Gelegenheit an einem solchen Seminar in Köln teilzunehmen und dadurch selbst in dieses Netzwerk einzutauchen.[11]

---

[10] In der nebenstehenden Karte ist zum Zwecke der Anonymität auf Stadtbezeichnung verzichtet worden. Außerdem wurden an manchen Orten auch Personen interviewt, die aus anderen Städten angereist waren. Schließlich wurden 14 von 18 Interviews ausgearbeitet.

[11] Obwohl ich von meinen Interviewpartnern als ‚passives Netzwerkmitglied‘ mit voller ‚Zugangsberechtigung‘ zur Gruppe gesehen wurde, ist es für mich dennoch ein ‚fremdes‘ Feld, das mehrere ‚critical incidents‘ birgt und interkulturelle Kompetenzen voraussetzt. Meine Forscherpersönlichkeit – im Zwiespalt zwischen ‚unterstellter‘ Zugehörigkeit (aus der Sicht der Netzwerkmitglieder) und faktischem

Obwohl die vorliegende Arbeit vom Netzwerkbegriff Gebrauch macht, strebt sie keine klassische Netzwerkanalyse an, die sicher ein spannendes Thema einer anderen Arbeit wäre. In diesem Fall ist ‚Netzwerk', wie es auch von Interviewpartnern benutzt wurde, vielmehr im Sinne eines *Beziehungsnetzes* zu verstehen und knüpft an Bourdieus Sozialkapitaltheorie an. Häufig wird dieser Begriff auch umgangssprachlich für *Online-Netzwerke* der Social Media verwendet, was äußerst passend ist, da Facebook für diese Gruppe das zentrale Kommunikationsmittel darstellt. Es handelt sich um einen deutschlandweiten Bekanntenkreis; um überregionale Freundeskreise; um miteinander *ver-netz-te* Menschen, die aufgrund bestimmter Zugehörigkeiten einen Zusammenhalt haben. Gleichzeitig ist der Umfang dieses sozialen Netzes überschaubar, sodass Knotenpunkte und Verzweigungen sichtbar sind und jedes Mitglied die Aktivitäten der anderen Mitglieder im Einzelnen nachverfolgen kann: „Das ist wie ein kleines Dorf!" (RUSLAN: 68).

Fokus

Besonders interessant und deshalb *das zentrale Thema dieser Arbeit sind die Grenzen dieses Netzwerks.* Basierend auf dem gesammelten Material werden die Ränder dieser russisch-jüdischen Gruppe unter die Lupe genommen, an die z.B. Dan gestoßen ist, als sein Gesuch im Forum für Aufregung sorgte. *Es stellt sich die Frage, ob und wie die in Deutschland lebenden russisch(sprachig)en Juden sich (durch ihr Netzwerk) ab- bzw. eingrenzen. Wenn ‚Ein- und Ausgrenzungsprozesse' sich herausgebildet haben (oder herausgebildet wurden) – wie und weshalb kamen diese zustande? Welche und wessen Kriterien bestimmen, wer fraglos dazugehört, wer in die Gruppe integriert werden kann und wer außerhalb bleiben muss?* Es soll deutlich werden, wo die Grenzen verlaufen, wo sie durch absolute Ausschlusskriterien unüberwindbar sind und wo sie verschwimmen, weil die Gesetze flexibel gehalten werden müssen.

Um diesen Fragen auf den Grund zu gehen, wurde versucht in den Interviews Antworten auf folgende Forschungsfragen zu finden: *Welche Auswirkungen hatte die spezifische Migrationserfahrung und die Erfahrung mit jüdischen Organisationen auf die Einstellung und die Zugehörigkeit(en) der befragten Personen? Wie stehen sie zum (säkularen) Judentum, zum russisch-jüdischen Netzwerk und zu den ‚Anderen', die außerhalb des Netzwerks sind? Welche Präferenzen haben die Interviewten bei der*

Neuzugang (aus meiner Perspektive) – wird im dritten Kapitel ausführlicher diskutiert.

PartnerInnenwahl und wie gehen sie mit ihren Wünschen und Vorstellungen um? Es ist kein Zufall, dass gerade männliche Interviewpartner in den Forschungsfokus rückten. Nach der Halacha, dem jüdischen Gesetz, wird das Jüdischsein ausschließlich über die Mutter an den Nachwuchs vererbt.[12] Während Kinder jüdischer Frauen in jedem Fall als jüdisch gesehen werden, ergibt sich für manch einen jüdischen Mann „auf Brautschau" (PETER: 149) bei der Entscheidung für eine nichtjüdische Partnerin eine zusätzliche Hürde. *Damit bietet sich die Hypothese an, dass die jüdische Zugehörigkeit des Partners bzw. der Partnerin für Männer eine größere Rolle spielt als für Frauen.*

Titel

Es gilt anzumerken, dass nicht alle Interviewpartner Single waren und dass Partnersuche nur eines der angeklungenen Gesprächsthemen war. Außerdem spielt der Faktor ‚jüdisch' bei der PartnerInnenwahl nicht für alle eine entscheidende Rolle, wie beispielsweise für Peter. *„Auf Brautschau"* (PETER: 148) ist seine Aussage. Damit bezog er sich mit einem Schuss Ironie auf diejenigen, denen eine jüdische Partnerin ausgesprochen wichtig ist, wie z.B. dem bereits erwähnten Dan. Weil diese jungen Juden in den Mittelpunkt der folgenden Arbeit rücken und weil „eine ganze Menge HUMOR [...] [und] eine besondere Ironie" (RUSLAN: 67) zum Jüdischsein dazugehört, bekam dieses Zitat einen Platz in der Überschrift dieser Arbeit.

Russisch – Jüdisch – Deutsch: Zuschreibungen, die derart stark verallgemeinern, dass selbst damit beschriebene, in Deutschland lebende Ostjuden Schwierigkeiten haben sich darin einzuordnen. Bei allen Mitgliedern dieser Einwanderungsgruppe geht eine individuelle Auseinandersetzung mit jedem der genannten identitätsstiftenden Begriffe einher. Wenn die Teil-Identitäten in ein persönliches Gleichgewicht gebracht sind, können die meisten zwischen ihrem russischen und deutschen Ich wechseln, sich des einen im Privat-, des anderen im Berufsleben bedienen. Dabei sind alle Identitätsanteile ständig präsent und wirken sich auf die Handlungen der Migranten aus.

Der Titel dieser Arbeit benennt *das Russische*[13] nicht umsonst vor dem Jüdischen und dem Deutschen. Die meisten der in Deutschland lebenden

---

[12] In Deutschland gilt diese Regel selbst in liberalen jüdischen Gemeinden, was zur Ausschließung patrilinearer Jüd(inn)en führt.

[13] Wie häufig in der Literatur gelöst, steht auch hier ‚russisch' stellvertretend für die Länder und Sprachen der ehemaligen Sowjetunion. (In diesem Fall stammen die

Juden verbrachten einen großen Abschnitt ihres Lebens in der ehemaligen Sowjetunion und sahen sich in ihrer Vergangenheit zu einem entscheidenden Teil als Russen. Und auch nach vielen Jahren in Deutschland sehen sich viele immer noch so, nicht zuletzt weil in der Diaspora weiterhin Russisch gesprochen und die russische Kultur gelebt wird. *Das Jüdische* steht an zweiter Stelle, weil nur die wenigsten russischen Juden damit im Alltag konfrontiert sind oder das Judentum als Religion ausleben. In Russland wird Jüdischsein als eine ‚Nationalität‘ gesehen, als eine ethnischen Zugehörigkeit, die einen Nachteil in der vom Antisemitismus geprägten Gesellschaft bedeutet(e). Außerdem, für einen Teil der Migranten, so genannte ‚Emigrationsjuden‘, spielt Judentum noch nie eine emotionale Rolle. In Russland waren sie völlig assimiliert und entdeckten ihre jüdische Abstammung erst zum Zweck der Auswanderung nach Deutschland, manchmal sogar über Umwege. Nun sind sie alle mit dem Deutschsein konfrontiert, einer ihnen völlig fremden westeuropäischen Lebensweise. Der Begriff *‚deutsch‘* steht hier als Synonym für das Ziel einer Reise an letzter Stelle, auch wenn manche Einwanderer sich in Deutschland nicht angekommen und angenommen fühlen. Hier sind sie ‚doppelt fremd‘: als Russen in Sprache und Mentalität sind sie Ausländer; als Juden sind sie Vertreter einer Religionsgruppe, die in Deutschland noch nicht ganz zur ‚Normalität‘ gehört. Demnach steht das Jüdischsein aus zwei symbolischen Gründen zwischen dem Russischen und dem Deutschen: Zum einen war die Zuschreibung Jude in den letzten zwanzig Jahren der Schlüssel für die Auswanderung aus Russland nach Deutschland. Zum anderen stiftete jüdische Identität in beiden Ländern ein vielschichtiges und widersprüchliches, oftmals sekundäres, aber dennoch starkes Zusammengehörigkeitsgefühl im Dazwischen.

Ebenfalls eine zentrale Rolle im Leben *russisch(sprachig)er* Juden, die bei Weitem die Mehrheit der in Deutschland lebenden Juden ausmachen, spielt die Kenntnis der russischen Sprache und Kultur. Auch schon Renan war der Meinung, dass „die Sprache dazu einlädt, sich zu vereinen; sie zwingt [aber] nicht dazu" (Renan 1882). Dieser Bezug zu ihrer alten Heimat ist für viele Interviewpartner dennoch eine ‚zwingende‘ oder zumindest entscheidende Gemeinsamkeit, die sie bei einer potentiellen Lebenspartnerin voraussetzen. Um die Wichtigkeit der Sprachkenntnisse, des russischen bzw. postsowjetischen kulturellen Kapitals und um die Bedeutung der Migrationserfahrung zu betonen, verbildlichen die

---

Migranten meistens aus den Großstädten der Russischen Föderation und aus der Ukraine.)

Klammern im Titel, dass es sich hier sowohl um ‚russische' als auch um ‚russisch*sprachige*' jüdische Migranten handelt.

Welche Präferenzen und Zusammenhänge sich für russisch(sprachig)e jüdische Männer im Kontext ihrer PartnerInnenwahl ergeben, wird im Folgenden anhand der untersuchten Interviews näher betrachtet. Bereits jetzt sei gesagt, dass auch wenn PartnerInnensuche das übergeordnete Thema der Gespräche war, hier keine eindeutigen Aussagen über die Rolle der Partnerwahl für die jüdische Zugehörigkeit gemacht werden können. Der qualitative Charakter der Studie, die Individualität der Fälle und die Komplexität der zwischenmenschlichen Beziehungen sind Grund für diese Ambivalenz. Nichtsdestotrotz diente das Thema der PartnerInnenwahl als ein aufschlussreicher Einstieg in die Interviews, um mehr über *‚Ein- und Ausgrenzungsprozesse des Netzwerks'* zu erfahren.

Gliederung

Im folgenden Kapitel wird die Gruppe im Fokus der Forschung vorgestellt. Als *dritte Generation* der Juden in Deutschland wird sie von der ersten und der zweiten Generation abgegrenzt. Auch gilt dieses Kapitel dazu in die Geschichte der letzten jüdischen Migration, der die Netzwerkmitglieder angehören, einzuführen.

Kapitel drei ist der methodologischen Einrahmung gewidmet. Hier werden die Stichprobe, die Interviewform und auch die Auswertungsstrategie dargestellt. Zudem nehme ich Bezug auf meine Rolle als Forscherin im Feld.

Danach gilt es die Protagonisten der Studie vorzustellen, denn sie sollen durch ihre Aussagen zu Hauptfiguren dieser Arbeit werden. Eine grafische Übersicht dient zur optischen Darstellung des Netzwerks basierend auf Präferenzen (russischsprachig und/oder jüdisch) bei der PartnerInnenwahl. Ausgehend davon konnten die Gesprächspartner der In- oder Outgroup zugeordnet werden.

Im fünften Kapitel rücken die Ein- und Ausgrenzungsprozesse in den Mittelpunkt. Im ersten Teil geht es darum, wie Juden sich den Begriff der Nation zu Eigen machen. Auch stellt sich die Frage, inwieweit diese Menschengruppe sich selbst ethnisiert. Im nächsten Unterkapitel wird das Netzwerk als bindendes Element behandelt. Die Interviews sowie die geschichtliche und soziale Entwicklung zeigten, dass eine doppelte Fremdheitserfahrung Ursache für diese Netzwerkbildung war. Weiter wird die Entstehung des ‚Wir' in einem dreistufigen Prozess nachgezeichnet. Auch gilt es den Netzwerkbegriff und das damit zusammenhängende Reziprozitätsprinzip darzustellen. Natürlich muss auch das soziale Kapital, im Sinne Bourdieus, auf das hier behandelte Netzwerk angewendet werden.

Nach einem ausführlicheren Blick auf seine Bedeutung als Sicherheit und Solidarität stiftende Ressource, wird seine Funktion für russisch(sprachig)e Singles, die auf ‚Brautschau' sind, betrachtet. Das anschließende Unterkapitel ist der Betrachtung der Grenzen in Theorie und deren Verläufe in der Praxis gewidmet. Die ‚Anderen' werden in Gruppen, entsprechend den Forschungsergebnissen, vom Netzwerk abgegrenzt.

Das letzte Kapitel gilt der PartnerInnenwahl. Nach einer kritischen Anwendung von drei soziologischen Studien zu jüdischen Mischehen aus den USA auf die *dritte Generation* sollen Gründe für (russisch-)jüdische Partnerwahl näher betrachtet werden. Hierzu kommt eine im Netzwerk aktive Vertreterin der Jewish Agency for Israel zu Wort sowie der Bestseller-Autor des Ratgebers ‚Why Marry Jewish?'. Im nächsten Unterkapitel wird aus der Perspektive der Interviewpartner die Rolle der Frau als Mutter zukünftiger Kinder bzw. der Nation diskutiert. Weil ihre PartnerInnensuche häufig ohne Erfolg bleibt und keine Besserung der Situation in Sicht ist, stellt sich die Frage, welche Alternativen denkbar sind und ob Kompromissbereitschaft in solchen herkunftsspezifischen ‚Liebesangelegenheiten' Sinn macht.

2. Russisch(sprachig)e Juden in Deutschland

Zu Beginn soll deutlich gemacht werden, welche Untersuchungsgruppe im Fokus dieser Arbeit steht und wie diese im deutsch-jüdischen Kontext eingeordnet werden kann. Nachdem die *dritte Generation* vorgestellt wird, soll ein kurzer Rückblick auf die relevante Migrationsgeschichte auch die *erste* und *zweite Generation* beleuchten.

2.1. Im Fokus – die ‚dritte‘ Generation

In Anlehnung an das Buch „‚Lech Lecha‘: jüdische Identität der *zweiten* und *dritten Generation* im heutigen Deutschland" von Diana Treiber (1998), die den Nullpunkt der Generationen-Zählung beim Holocaust ansetzt, erscheint mir der Begriff der *‚dritten‘ Generation* für die Gruppe, die im Zentrum dieser Arbeit steht, als besonders geeignet. Auch der Migrationsforscher Pavel Polian bediente sich in seinem Vortrag „Vielfalt jüdischer Identitäten und Veralterung der Halacha" (mündliche Quelle, 24.7.2010)[14] des Begriffs der *‚dritten‘ Generation*. Damit meinte er die heute Zwanzig- bis Vierzigjährigen, die in jungen Jahren aus der ehemaligen Sowjetunion nach Deutschland eingewandert sind und somit von beiden Sprachen und Kulturen geprägt wurden (und werden).

Als Grundschulkinder oder Jugendliche haben sie einen Teil ihrer Sozialisation im Herkunftsland erlebt, aber auch das deutsche Bildungssystem zumindest teilweise durchlaufen.[15] Sie verfügen über die Fähigkeit sich in der deutschen Gesellschaft barrierefrei zu bewegen, ohne als Migrant(in) aufzufallen. Viele sprechen akzentfrei Deutsch; die meisten haben bzw. streben einen Hochschulabschluss an. Obwohl auch ihre Eltern über ein „überdurchschnittlich hohes Niveau der Bildungs- und Berufsqualifikation" (Haug 2007: 42) verfügen, konnte ihr Humankapital, „die größte Ressource dieser Zuwanderergruppe" (ebd.) leider nicht ausreichend genutzt werden. Die Nicht-Anerkennung der berufsqualifizierenden Abschlüsse stellt eine enorme Hürde bei der

---

[14] Wochenendseminar zum Thema *„20 Jahre jüdischer Einwanderung in die Bundesrepublik. Nach dem Holocaust zum Aufschwung. Jüdische Gesellschaft im Umbruch"* in Frankfurt am Main, 23.-25.07.2010, organisiert vom Bundesverband Jüdischer Studenten in Deutschland e.V.

[15] Rubén G. Rumbaut (2012) arbeitet heraus, dass nicht nur das Alter bei der Einwanderung, sondern auch die (Art und Dauer der) Bildung im Einwanderungsland für die Adaptation ausschlaggebend sind.

Arbeitsmarktpositionierung dar (ebd.: 33).[16] Natürlich wirkten sich fehlende Sprachkenntnisse und eine mögliche Diskriminierung (ebd.: 34) ebenfalls ungünstig aus ihre Berufschancen aus. Dafür stellen diese Faktoren für Bildungsinländer der *dritten Generation* kein Problem da, denn sie machen sich in vollem Umfang akademische und berufliche Aufstiegsmöglichkeiten zu Nutze. Nicht umsonst war der in Deutschland (kosten)freie Zugang zur Bildung, der in den Ländern der ehem. Sowjetunion immer häufiger aus finanziellen und antisemitischen Gründen verwehrt blieb, eines der Hauptmotive zur Auswanderung für Familien mit Kindern.

Gerade die Erfahrung der größtenteils gelungenen ‚strukturellen, sozialen und kulturellen Integration'[17], die sich im Bildungserfolg wiederspiegelt und wiederum durch ihn hervorgebracht wird (Rumbaut 2012), unterscheidet diese junge Generation deutlich von den vorhergehenden. Aus diesem Grunde ist es m. E. präziser, wenn von drei Generationen der Juden im Deutschland nach 1945 die Rede ist[18]: die *erste*, die seit dem 2. WK in Deutschland lebt und die jüdische Gemeinden aufgebaut hatte; die *zweite*, die mit der großen Migrationswelle nach 1990 aus der ehem. Sowjetunion nach Deutschland kam; und die sog. *dritte Generation* – deren Kinder, die einen Großteil ihres Lebens in Deutschland verbracht haben.[19]

Diese jungen Menschen haben eher die Wahl, ob und wie weit sie von ihrer russischen und jüdischen Zugehörigkeit Gebrauch machen. Durch eine beinahe nahtlose Eingliederung in die deutsche Gesellschaft sind sie theoretisch nicht auf ihre Community ‚angewiesen' – viele verschmelzen mit der Mehrheitsgesellschaft und vergessen ihr Jüdischsein, aber nicht alle.

---

[16] Die prozentuale Verteilung der Migranten auf die Bundesländer nach dem ‚Königsteiner Schlüssel' führte damals viele Fachkräfte und Wissenschaftler – mit 30% am meisten vertretene Berufsgruppe (ebd.: 27ff) – in kleine Ortschaften, wo es keine Möglichkeit gab im erlernten Beruf zu arbeiten.

[17] Diese Begriffe sind hier verwendet, wie sie auf der Webseite der Bundesausländer-beauftragten „Integration in Deutschland" definiert sind. <http://www.bundesauslaenderbeauftragte.de/integration.html> (Stand: 18.03.2013)

[18] Um Missverständnisse zu vermeiden muss hier verdeutlicht werden, dass es in der Literatur vielfältige Zählungsweisen gibt. Der Historiker Dmitrij Belkin (2010: 25ff) z.B. spricht vom ‚Deutschen Judentum eins' und ‚zwei' – vor und nach dem Holocaust. Rubén G. Rumbaut (2002) dagegen würde hier die Bezeichnung ‚Generation 1,5' vorschlagen (, wobei er sich in seinen Studien nicht explizit auf jüdische Migranten bezieht).

[19] Eigentlich ließe sich die jüdische Gemeinschaft in Deutschland in weitere Untergruppen splitten: deutsche, polnische, israelische, amerikanische und andere Juden. Doch die Zweiteilung ‚russisch vs. nicht russisch' ist so prägnant, dass weitere Details untergehen.

Was die Zukunft des deutschen Judentums bringen wird, liegt immer mehr in den Händen dieser *dritten Generation*.

2.2. Rückblick – Neubeginn für Generationen ‚eins‘ und ‚zwei‘

Um die gegenwärtige Situation zu beleuchten, gilt es einen kurzen Rückblick in die Geschichte der jüdischen Zuwanderung der ‚ersten‘ und ‚zweiten‘ Generationen in das Nachkriegsdeutschland zu wagen. In den ersten Jahren nach 1945, in denen „sich bis zu 200 000 jüdische ‚Displaced Persons‘ (DP) – vor allem aus Osteuropa – in den westlichen Besatzungszonen" (Lau 2000) aufhielten, sank die Zahl der Juden in Deutschland drastisch. Die meisten warteten nur darauf „in die USA und nach Palästina beziehungsweise Israel" (ebd.) ausreisen zu können, sodass im Jahre 1955 nur noch 999 jüdische DPs im letzten Lager bei München „übrig geblieben" (ebd.) waren.

Andererseits entwickelte sich in Deutschland ein ‚neues‘ jüdisches Leben.[20] Das Fortbestehen des jüdischen Lebens wurde als „der Gradmesser für die Bewährung der neuen Demokratie in Deutschland" (General Clay in Lau 2000) verstanden, sodass zu Beginn versucht wurde Wiederaufbauhilfe zu leisten.[21] Nichtsdestotrotz, „ohne die Einwanderung, darin sind sich heute alle einig, wäre die jüdische Gemeinschaft in den kommenden Jahren kaum noch überlebensfähig gewesen" (Körber 2009: 233). Somit war „der Erhalt und die Stärkung der jüdischen Gemeinden in Deutschland" (BMI in Haug 2005: 4) ein Hauptmotiv des Einwanderungsprogramms für jüdische Kontingentflüchtlinge.[22] Auf der „Grundlage eines am 09.01.1991 von der Ministerpräsidentenkonferenz der Bundes und der Länder gefassten Beschlusses" (Haug 2007: 7) wurden bis Ende 2006 „maximal 226.651"

---

[20] Schon fünf Jahre nach dem Fall Berlins hatten neu gegründete jüdische Gemeinden „rund 15 000 Mitglieder an nahezu 70 Orten" in Westdeutschland (Lau 2000). Im selben Jahr schlossen sie sich zum Zentralrat der Juden zusammen.

[21] Dieses Vorhaben wurde in der DDR weitestgehend nicht unterstützt, sodass Ende der 1980er „es noch etwa 380 Gemeindemitglieder, viele davon bereits im fortgeschrittenen Alter" (Erica Burgauer in Körber 2009: 233) waren. Zur selben Zeit zählten die jüdischen Gemeinden in Westdeutschland rund 30 000 Mitglieder (ebd.).

[22] Ursprünglich liegt dem ein Beschluss DDR-Regierung zu Grunde, „die angesichts des wachsenden Antisemitismus in der Sowjetunion im Sommer 1990 entschied, den dort lebenden Juden ein dauerhaftes Bleiberecht in Ostdeutschland zu gewähren" (Körber 2009: 235).
(Quelle: *Aktuelle Stunde des Bundestages zur Einwanderung von Juden aus Osteuropa.* In: Tagesspiegel, 26.10.1990. Zitiert aus: Körber 2009: 236.)

(ebd.: 8) jüdische Zuwanderer und ihre Familienangehörige aus der ehemaligen Sowjetunion aufgenommen.

Die erste Generation deutscher Nachkriegsjuden hatte zu diesem Zeitpunkt nicht gedacht, dass diese Entscheidung ein Fluch und ein Segen zugleich für ihre Gemeinden werden würde. Bei der Aufnahme verzichtete Deutschland auf ein „formelles Beweiserhebungsverfahren", um „vor dem Hintergrund der nationalsozialistischen Vergangenheit […] nicht erneut in die Situation [zu] geraten, zu bestimmen, wer Jude ist" (Körber 2009: 237). Doch gleichzeitig ist die Überprüfbarkeit der ethnischen Zugehörigkeit für eine einheitliche Einreiseregelung unverzichtbar. Demnach akzeptierte „der deutsche Staat zwei verschiedene Definitionen jüdischer Zugehörigkeit" (ebd: 238), was zu einem Widerspruch führte. Für die jüdischen Gemeinden, in denen das orthodoxe Gesetz gilt, ist nur die Person jüdisch, die von einer jüdischen Mutter abstammt. In den Ländern der ehemaligen Sowjetunion dagegen wird die jüdische Zugehörigkeit über den Vater bestimmt, bzw. hängt von der eigenen Entscheidung bei der ersten Passausstellung ab. Demzufolge ist ein

> relativ hoher Anteil der jüdischen Zuwanderer […] nicht jüdischer Abstammung und äußert auch keine Zugehörigkeit zur jüdischen Religion. Dies weist auf einen hohen Anteil an interethnischen Ehen und auf die Bedeutung der Zuwanderung nichtjüdischer und nicht-religiöser Familienangehöriger [, sog. ‚Emigrationsjuden'] hin. (Haug 07: 42)

Nach 1991 blähten sich viele Gemeinden innerhalb weniger Jahre um das Zehnfache auf. Auch „die Zusammensetzung hat sich krass verändert: 1990 stammten gut drei Prozent aus der ehemaligen Sowjetunion, 1998 schon über 70 Prozent" (Lau 2000). Seit dem „[Inkrafttreten] des Zuwanderungsgesetzes am 1. Januar 2005 verlor" (BAMF 2011) das ursprüngliche Einwanderungsgesetz seine Gültigkeit. Die neuen Aufnahmevoraussetzungen besagen, dass die Antragsteller „von mindestens einem jüdischen Elternteil abstammen" (ebd.) müssen. Außerdem werden Deutschkenntnisse mind. auf dem Niveaustufe A1 erwartet, zudem Nachweise über die Aufnahme in eine jüdische Gemeinde in Deutschland wie auch eine „positive Integrationsprognose" (ebd.). Diese Kriterien können nur wenige erfüllen, sodass die Einwanderung weitgehend eingedämmt wurde.

Aus der Sicht vieler Vertreter der ersten Generation hat das Einwanderungsprogramm sein Ziel deutsches Judentum zu stärken verfehlt: Unter den (zu) vielen Migranten sind zu viele ‚Emigrationsjuden' und unter den jüdischen Neuankömmlingen interessieren sich viele für das Judentum nicht. „Weniger als die Hälfte der Eingewanderten sei Mitglied einer jüdischen Gemeinde geworden, und mehr als die Hälfte sei auf staatliche Hilfe angewiesen" (Kessler 2010b: 177).

3. Qualitative Studie

Qualitative Studien sind besonders geeignet für die Erforschung von Lebenswelten und Zugehörigkeiten von Gruppen und Individuen. Sie „können sich im Unterschied zu quantitativen Methoden aufgrund des nicht verfolgten Anspruchs auf Repräsentativität ihrer Ergebnisse auf die [...] Untersuchung einzelner Bereiche der Alltagswelt konzentrieren" (Rosenthal 2005: 21). Mit den Worten von Heinz Bude sucht man „das Typische im Individuellen [zu] entschlüsseln" (Bude 1984: 22), um ausgehend davon „Aussagen über soziale Gruppen [zu] machen" (ebd.). Dennoch gilt zu beachten, dass „Typik und Repräsentativität [...] prinzipiell nichts miteinander zu tun" haben (ebd.: 24). Vielmehr zielt empirische Forschung „auf das Besondere. Hier [...] stellt sich die Frage, ob und wie das Allgemeine im Besonderen zu fassen ist" (Helfferich 2004: 153).

In diesem Kapitel geht es um die Anwendung und Anpassung qualitativer Methoden als Werkzeug, um die Realität anhand der Einzelfälle in ihrer Komplexität und Vielfalt darzustellen.

3.1. Stichprobe

Es wurde versucht eine möglichst vielfältige Stichprobe zu wählen, was „unterschiedliche und ebenso als typisch geltende Fälle" (Helfferich 2004: 154f) umfasst und einen „minimal und maximal kontrastiven Vergleich" (Rosenthal 2005: 96) ermöglicht. Unter Anwendung der offenen Fragetechnik wurden insgesamt 18 flexibel gehaltene teilnarrative Interviews geführt. Eine schrittweise Auswahl (Flick 2007: 165f) war für das Sampling nur eingeschränkt möglich, da die Interviews größtenteils auf einer Forschungsreise durch acht deutsche Großstädte (siehe Seite 8) geführt wurden und deshalb im Voraus vereinbart werden mussten. Dabei bot sich ein Teil der Interviewpartner nach einem Aufruf in jüdischen Facebook-Gruppen zur Teilnahme an. Ein anderer Teil erschloss sich durch das Schneeballprinzip. Im Laufe der Forschung wurde deutlich, dass die meisten Gesprächspartner und sogar die meisten Facebook-Gruppen-Mitglieder sich untereinander persönlich kannten, obwohl sie in verschiedenen Teilen Deutschlands leben. Bei den letzten Gesprächen wurde bereits eine inhaltliche Sättigung bemerkbar.

Ausgehend aus vorhergehenden Überlegungen und den zwei Probeinterviews wurde das Sample auf die Gruppe der in Deutschland lebenden, heterosexuellen, jüdischen, nicht orthodoxen, russischsprachigen[23] Männer[24] im Alter zwischen 20 und 40 Jahren reduziert. Mit den Kriterien wie das Alter, ‚in Deutschland lebend' und ‚russischsprachig' wurde die Gruppe der *dritten Generation* der Juden in Deutschland eingegrenzt. Der Ausschluss von zur Orthodoxie bzw. strenger Religiosität neigenden Interviewpartnern liegt auf der Hand, da ihre Heiratsentscheidung durch ihr Glaubensbekenntnis vorbestimmt ist. Weil die Studie sich mehr auf die PartnerInnenwahl, weniger auf die -suche konzentriert, war es zweitrangig, ob die Interviewpartner alleinstehend oder in einer Beziehung sind.

Neben den Interviews erschien es sinnvoll nicht nur Prozesse in ihrer Homogenität in der Studie aufzudecken, sondern auch Seitenblicke zu wagen. Auf diese Weise ergab sich z.b. ein ‚Experteninterview' mit Marianna, der Vertreterin der Jewish Agency for Israel, wie auch die Teilnahme an einem Bildungsseminar in Köln von der Organisation Jüdische Kultur und Bildung e.V. (JuBuK). Diese Bildungsveranstaltung, die als ein Netzwerk-Freizeittreffen gesehen werden kann, bot einen aufschlussreichen Einblick in die Lebenswelt der Gruppe der *dritten Generation*. Dort hatte ich die Möglichkeit teilnehmend zu beobachten und einige weitere Gespräche zu führen.

3.2. Interviewform

Bei einem ‚teilnarrativen Leitfadeninterview' handelt es sich um eine „Mischform zwischen narrativen und strukturierten Interviews" (Helfferich 2004: 159), wobei durch Impulse und Erzählaufforderungen vom Interviewer immer wieder narrative Teilerzählungen generiert werden. In der Einleitung jedes Interviews wurden die Erzählpersonen darauf hingewiesen alles zu erzählen, was ihnen zu den jeweiligen Themen, bspw. Israel oder Religion, einfällt. Somit hatten sie die Freiheit eigene Aspekte einzubringen, zu betonen oder zu vernachlässigen, wie es das Prinzip der Offenheit verlangt (vgl. Helfferich 2004: 100). Auf diese Weise war das Interview nicht genau vorstrukturiert und gewährte Raum für Gedankenketten und freie Äußerungen.

---

[23] Die Russischsprachigkeit bringt ein wichtiges Motiv in die Partnerwahlentscheidung ein, weil eine klare Differenz zwischen dem öffentlichen ‚deutschen' und dem privaten ‚russisch-jüdischen' Bereich in den Orientierungsinterviews deutlich wurde.

[24] Der Grund für die Einschränkung auf Männer ist das halachische Gesetz der Matrilinearität, d.h. der Vererbung des Judentums an Kinder ausschließlich über die Mutter.

Durch Nachfragen war es jedoch möglich das Gespräch zum nächsten Thema zu lenken, wobei, nach einer Gewöhnungsphase an die Interviewsituation, die meisten Gesprächspartner von selbst auf die im Leitfaden notierten Themen zu sprechen kamen. Der Interview-Leitfaden[25] galt allerdings nur als Orientierung für die ersten Probeinterviews (mit Tanja und Vladimir). Er diente keinesfalls dazu Formulierungen und die Reihenfolge der Fragen festzulegen.

Auch wenn alle Gesprächspartner (bis auf Dan) Russisch sprachen, wurden die Interviews auf Deutsch geführt. Bis auf einen Fall, bei dem die Tonaufzeichnung nicht gewünscht war, konnten die Gespräche im genauen Wortlaut wiedergegeben werden.

Am Ende des Interviews hatten die Erzählpersonen die Möglichkeit etwas hinzuzufügen und ihren Eindruck von der Interviewsituation mitzuteilen. Es zeigte sich, dass das Gespräch einen Denkprozess bei den Befragten auslöste, denn selbst im Anschluss an die Tonbandaufnahme hatten sie das Bedürfnis einzelne Themen zu vertiefen.

3.3. Auswertungsstrategie

Nach einer „Auswahl *des* Materials" (Flick 2007: 158) wurden 14 der 18 Interviews weitestgehend vollständig transkribiert. Auf diese Weise ist es möglich die Aussagen und Positionen der Protagonisten zu verinnerlichen und vor allem sie wörtlich zu zitieren. Dadurch sollen sie zu wahren Hauptfiguren dieser Arbeit werden.

Die intensive Textarbeit ermöglichte schließlich eine „Auswahl *im* Material" (ebd.) zu treffen, die auf der Globalanalyse nach Heiner Legewie basiert. Die sogenannte ‚Globalauswertung' ermöglicht die Erschließung einer „größere[n] Zahl von Textdokumenten […] nach inhaltlichen Gesichtspunkten" (Legewie 1994: 177). Legewie orientiert sich hierbei am Akteursmodell, wonach Texte „von Akteuren in kommunikativer Absicht produziert werden" (ebd.) und somit einen Ausschnitt sozialer Wirklichkeit

---

[25] Bei der Erstellung des Leitfadens wurde unter Berücksichtigung des SPSS-Prinzips vorgegangen. SPSS steht hier für folgende vier Schritte: ‚Sammeln' von relevanten Fragen, ‚Prüfen' ihrer Eignung zum Forschungsinteresse, ‚Sortieren' und ‚Subsumieren' (Helfferich 2004: 161ff). Um „dem ‚natürlichen' Erinnerungs- und Argumentationsfluss zu folgen" (ebd.) ist die Themenreihenfolge chronologisch geordnet: beginnend mit der Entscheidung nach Deutschland zu immigrieren, über die gegenwärtige Einstellung zu studienrelevanten Themen, bis hin zu Zukunftsaussichten. Die Maxime von Cornelia Helfferich lautet hierbei: „So offen und flexibel – mit der Generierung monologischer Passagen – wie möglich, so strukturiert wie aufgrund des Forschungsinteresses notwendig" (ebd.: 161).

darstellen. Als eine Art themenbezogener Inhaltsanalyse wurde diese Methode für maximal zwanzigseitige Dokumente konzipiert. Sie bietet sich an, weil die Länge der transkribierten Interviews sich zwischen vier und fünfzehn Seiten bewegt.

Zur Vorbereitung der Globalauswertung empfiehlt sich die Besinnung auf die globale Fragestellung (siehe ‚Fokus' im Kapitel ‚Einleitung'). Danach gilt es sich mit Hilfe einer groben Gliederung im jeweiligen Text zu orientieren. Nach der Vergegenwärtigung von Kontextwissen, bspw. Interviewsituation und Einstellung der befragten Person zur Interviewerin, folgt das intensive Durcharbeiten des Textes. Hierzu stellt Legewie drei Leitfragen: „(1) Was ist hier das Thema? (2) Was wird wie mit welchen Absichten gesagt? (3) Was ist für meine Fragestellung wichtig?" (Legewie 1994: 179). Besonders kommt es auch darauf an ‚zwischen den Zeilen' zu lesen, wie Legewie sagt, um „Besonderheiten des Interaktionsverlaufs" (ebd.) herauszuarbeiten. Die daraus resultierenden Interpretationen werden je nach Thema einem Stichwort zugeordnet, die in einem Stichwortverzeichnis gesammelt und eventuell auf weitere Oberbegriffe reduziert werden. Auf diese Weise ergibt sich stufenweise eine thematische Kodierung des Textes. Im nächsten Schritt schlägt Legewie eine Zusammenfassung der zentralen Aspekte in einer ‚Kurzgeschichte' mit einem Motto bzw. einer pointierten Überschrift für den gesamten Text vor (vgl. Legewie 1994: 180). Diese sind in angepasster Form als ‚Vorstellung der Protagonisten' im folgenden Kapitel zu finden.

3.4. Rolle der Forscherin

„Da qualitative Forschung der Rolle des Forschers eine große Bedeutung beimisst, sind die Beziehungen des Forschers im Feld zu klären und offen zu legen" (IMB 2012). Sicherlich gilt es zu beachten, dass ich durch die ‚gemeinsame' Migrationsgeschichte mit den Befragten von einer Art Vertrauensvorschuss profitieren konnte. Bedenken, dass durch die fehlende Fremdheitsannahme der Explikationsbedarf zurückgehen könnte, haben sich nicht bestätigt. Gemeinsamkeiten wurden häufig betont, z.B. wenn es um das Russische ging. Insgesamt war die russische Sprache, die wohlgemerkt nicht Interviewsprache war, ein wichtiges verbindendes Element. Alle sprachen fließend Deutsch, viele gaben aber an, dass ihnen manchmal das richtige Sprachgefühl fehle. Meine Russischkenntnisse vermittelten ihnen ein Gefühl von Sicherheit sich, wenn nicht auf Deutsch, dann auf Russisch, ‚verständlich' machen zu können. Schnell bekamen die Interviews Züge eines privaten Gesprächs, ab und zu wurden russische Worte oder Sätze eingeworfen. Auch wurde bei mir sonstiges Vorwissen bezüglich der

Situation in der ehem. Sowjetunion und der Migration nach Deutschland vorausgesetzt. Viele Interviewpartner machten deutlich, dass sie zu jemand ‚anderem' nicht so offen sprechen könnten. Auch war es hilfreich, dass mit einigen eine entfernte Bekanntschaft bestand oder man sich über Dritte kannte. Die gemeinsame Basis war notwendig, denn trotz der generellen Aufgeschlossenheit und der Bereitschaft zum Interview, taten sich viele schwer über ihren Bezug zum Judentum und gar von eigenen Liebesbeziehungen zu sprechen. Fragen zur Migrationserfahrung bzw. Zugehörigkeit scheinen weniger bewegend zu sein, da sie wohl häufig in anderen Situationen beantwortet wurden.

Gleichzeitig war die „Regulierung von Nähe und Fremdheit auf kognitiver und emotionaler Ebene" (Helfferich 2004: 115) besonders wichtig, v.a. angesichts der Konstellation der „Geschlechter-, Alters- und ethnischen oder sozialen Zugehörigkeit" (ebd.: 109). Die lockere Interviewsituation zu zweit, das ausgesprochene Interesse der (weiblichen) Forscherin an der jeweiligen (männlichen) Person und der gemeinsame Hintergrund hätten dem Gespräch leicht einen Date-Charakter verleihen können. Deshalb galt es – ohne unpersönlich zu erscheinen – eine wohldosierte Distanz zu wahren, um jegliche Fehlschlüsse zu vermeiden. Wowas Aussage macht das Potential für Missverständnisse deutlich: „Wo findet man eine jüdische Frau? Gute Frage.. Vielleicht wenn sie einen zu einem Interview einlädt. [grinst]" (WOWA: 43) Auch Meron reagiert humorvoll auf einen abgewehrten Flirtversuch: „Du bist so [...] professionell distanziert. Wie viele haben dich schon angebaggert bei der Umfrage? Außer mir und Igor." (MERON: 124)[26]

Wie bereits erwähnt, wurde ich, als Reaktion auf meine Online-Anzeige bei der Suche der Gesprächspartner, zu einem Wochenendseminar des Vereins JuBuK e.V. nach Köln eingeladen. Die Teilnehmerzahl war auf 25 begrenzt. Umso unerwarteter war es, dass ich, obwohl seit vielen Jahren in diesem Kreis nicht mehr aktiv, als ‚Rückkehrerin' herzlichst willkommen war. Bemerkenswert war der Rückgriff auf meine Russischkenntnisse und die (durch den schulischen Religionsunterricht bedingte) Mitgliedschaft in der jüdischen Gemeinde – Angaben, die bei der Anmeldung zum Seminar gefragt wurden. Auch wenn diese Zugehörigkeiten für mich persönlich keine große Rolle spielen und ich sie eher ungern betone und auslebe, sind sie in den Augen der Seminarleiter unwiderruflich gegeben und wurden sofort reaktiviert. Während des Seminars wurde ich in einer Doppelrolle

---

[26] Hier kommt es zum Vorschein, dass die Interviewpartner, die untereinander bekannt oder befreundet sind, sich über ihre Interviewerfahrung austauschten und bei Facebook darüber öffentlich diskutierten.

wahrgenommen: als gleichberechtigte Teilnehmerin, die Mitglied im Netzwerk ist, und als Forscherin, was die Neugierde an meiner Person weckte. Allgemein trat man mir sehr offen gegenüber und war bereit für kontroverse Diskussionen über jüdisches Selbstverständnis wie auch über Ein- und Ausgrenzung von ‚Anderen‘, z.B. durch Nichtzulassung zu den Seminaren. Jegliche Meinungsunterschiede und Konfrontationen wurden, für mich überraschend, nicht negativ bewertet. In einem Gespräch darüber mit einer nicht-gläubigen jüdischen Freundin, die im Netzwerk aktiv ist, lieferte sie eine mögliche Erklärung dafür: „Das Judentum ist bedingungslos! Die nehmen Dich, auch wenn Du das nicht lebst. Einfach so. Die nehmen Dich einfach so. So wie Deine Eltern.“

4. Vorstellung der Protagonisten

In diesem Kapitel sollen die Protagonisten der Studie, also die Interviewpartner vorgestellt werden. Die folgende Untersuchung beabsichtigt, ganz im Sinne der qualitativen Forschung, möglichst nah an den empirischen Quellen zu bleiben, um die Erkenntnisse in erster Linie daraus zu schöpfen. Theoretische Hintergründe sollen dabei eine Stütze sein, die tragende Rolle kommt jedoch den vielfältigen Interviews zu.

> *„[Die Juden] sind anders als die anderen.*
> *Aber in Wirklichkeit sind sie untereinander am meisten anders."*
> *(Canetti: 1960)[27]*

4.1. Überblick

Es ist sicher nicht einfach mehr als ein Dutzend Persönlichkeiten und ihre Geschichten im Blick zu behalten. Die folgende Grafik soll helfen die Interviewpartner besser einordnen zu können. [28]

In den Gesprächen wurde schnell deutlich, dass gerade die beiden Merkmale – das Jüdischsein und die Russischsprachigkeit – eine besondere Rolle bei der PartnerInnenwahl der Interviewpartner spielen. Deshalb wurden sie den Koordinatenachsen zugeordnet. Der horizontale Graf zeigt an, wie wichtig es für die Interviewpartner(innen)[29] ist, dass ihre Lebensgefährtin (bzw. ihr Lebensgefährte) halachisch jüdisch ist oder zumindest einen Bezug zum Judentum hat. Am linken Ende finden sich diejenigen, für die das Jüdischsein bei der PartnerInnenwahl keine Rolle spielt. Sie glauben an die Wichtigkeit anderer Faktoren, wie z.B. andere gemeinsame Interessen oder Charakter. Der vertikale Pfeil zeigt die Bedeutung der Russischsprachigkeit bei der gewünschten Partnerin an. Jura beispielsweise ist in der Mitte der Grafik platziert, weil er diesbezüglich unentschlossen ist, insbesondere im Vergleich zu den anderen Gesprächspartnern.

---

[27] Canetti, Elias (1960): *Masse und Macht*, In: Canetti, Werke. Bd. 3. Hamburg: Claassen

[28] Dennoch erhebt die Einordnung der Gesprächspartner in der Grafik keinen Anspruch auf wissenschaftliche Validität. Sie basiert vielmehr auf dem aus den Interviews gewonnenem Eindruck und der Einschätzung der Autorin und gilt hauptsächlich zur Orientierung im Sample.

[29] 16 der 18 Interviewpartner waren männlich und heterosexuell. Zu den weiblichen Protagonistinnen gehören Tanja, mit der das erste Probeinterview geführt wurde und Marianna, die als Expertin in das Sample aufgenommen wurde.

Die grafische Darstellung in Kombination mit dem untersuchten Material machte außerdem einen Grenzverlauf deutlich (grauer Kreis), der sich erst während der Forschung abzeichnete. Auch Foucault stellte in seiner *Ordnung des Diskurses* fest, dass es „in unserer Gesellschaft [...] ein [...] Prinzip der Ausschließung [gibt]: kein Verbot, sondern eine Grenzziehung und eine Verwerfung" (Foucault 1993: 11). In diesem Fall trennt die ‚Grenze' diejenigen, die sich als in Deutschland lebende Juden mit ‚russischem' Migrationshintergrund zusammengehörig fühlen, von denen, die gewisse Kriterien nicht erfüllen oder auf eigenen Wunsch nicht zu dieser Gruppe dazugehören wollen.

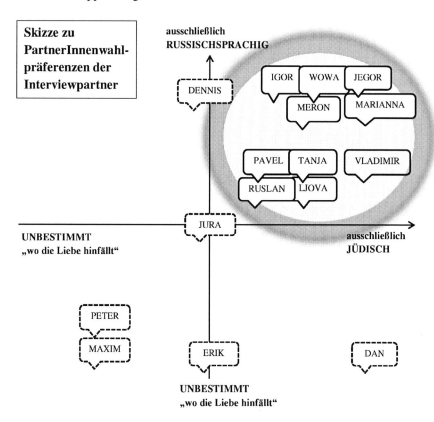

Diese grenzziehenden Mechanismen gilt es im Folgenden genauer zu betrachten. Dabei wird der Blick darauf aus der Perspektive der *dritten Generation* gerichtet, die im Mittelpunkt dieser Arbeit steht. Sie stellt hier das ‚Wir', also die Ingroup (durchgehende Linie) dar. Dass man sich untereinander kennt und eine Art ‚Netzwerk' bildet wird durch den grauen Kreis symbolisiert. Die Kanten des (Bekannten-)Kreises sind weich gezeichnet, weil in diesem Diskurs die Grenzen für Außenstehende zwar ein- und ausschließend, aber zum Teil permeabel sind. Außerhalb der Gruppe, freiwillig und gezwungenermaßen ausgegrenzt, finden sich Mitglieder der Outgroup (gestrichelt). Aus der Sicht der Ingroup befinden sie sich zwar am Rande, jedoch nicht außerhalb des Diskurses (Foucault 1993) um die jüdisch-russische Zugehörigkeit der *dritten Generation*. Außerdem lassen sich „[i]nterne Prozeduren, mit denen die Diskurse ihre eigene Kontrolle selbst ausüben [, beobachten]; Prozeduren, die als Klassifikations-, Anordnungs-, Verteilungsprinzipien wirken" (Foucault 1993: 17).

Die Begriffe In- und Outgroup werden hier in Anlehnung an sozialpsychologische Theorien verwendet (z.B. Turner 1982). Die Zuordnung zu den Gruppen basiert jedoch auf den Aussagen der Gesprächspartner und den Beobachtungen der Autorin. Im Folgenden werden die in der Grafik dargestellten Interviewpartner, in Anlehnung an die Globalanalyse von Legewie, einzeln vorgestellt und verortet. Die Ausführlichkeit, mit der v.a. die Ingroup beschrieben wurde, soll dem Leser ermöglichen sich einen (eigenen) Eindruck vom Netzwerk und seinen (Nicht-)Mitgliedern zu machen.

4.2. Ingroup – das vernetzte ‚Wir'

Die der Ingroup zugeordneten Interviewpartner sind auf der Übersichtsgrafik mit einer durchgehenden Linie umrandet und sind tendenziell im oberen rechten Quadrat zu finden.[30]

4.2.1. Igor, Meron, Marianna und Jegor – im Zentrum

Igor

ist wie der Titel besagt ‚im Zentrum', weil er sechs Jahre lang Vorsitzender des Bundesverbandes Jüdischer Studierender in Deutschland (BJSD) gewesen ist. Der 36jährige, der seit 15 Jahren in Deutschland lebt, erzählt mit einem Lächeln, wie er unzählige Förderanträge stellte und deutschlandweit Ausflüge, Ausstellungsbesichtigungen, Partys und Seminare organisierte.

---

[30] Die Reihenfolge der Präsentation in den folgenden Unterkapiteln ist nicht entsprechend der chronologischen Reihenfolge der Interviews, weil die Zuordnung *nach* der Erhebung des Materials erfolgt ist.

Paradox dazu erscheint seine Einstellung zu jüdischen Themen. „In Russland war ich zwei Mal in Sommercamps von Jewish Agency. Das war so absolut scheiße. Da wurde ich rausgeschmissen. [...] Wegen meinem Opportunismus." (ebd.) „Deswegen wollte ich hier in Deutschland überhaupt damit nichts zu tun haben" (ebd.: 99). Zum jüdischen Studentenverband kam er durch einen Freund, der ihn einmal gebeten hatte auszuhelfen. Bei den bevorstehenden Neuwahlen ließ sich Igor nicht mehr aufstellen: „Jetzt bin ich ein glücklicher Mensch. Ich habe das anderen überlassen, z.B. Meron. Aber, weil sie meine Freunde sind, ich unterstütze sie weiter." (ebd.)

Für Igor ist es eindeutig, dass religiös sein zum ‚Jüdischsein' nicht dazu gehört. „Für mich ist ein Jude jemand, der jüdische Vorfahren hat, es kann auch ein Großvater sein. [...] Also wenn jemand sagt, er ist Jude, für mich ist er Jude." (ebd.: 100f) Deshalb sind die Seminare des BJSD offen auch für patrilineare Juden. Igor erzählt, dass die meisten sich von früheren Seminaren kennen und weiter teilnehmen, um sich wiederzusehen, aber auch um neue Menschen zu treffen.

In der Zwischenzeit kommuniziert man über „Telefon, Flatrate, Facebook. Ich finde am besten Facebook. Ich schreibe lieber als zu sprechen, für mich ist das irgendwie einfacher" (ebd.). Seine Ex-Freundinnen, wie auch seine aktuelle Freundin hat Igor ebenfalls bei einem Seminar gesehen und später bei Facebook gefunden. Da sie häufig aus anderen Teilen Deutschlands kamen, musste er sich, wie viele seiner Freunde, mit einer Fernbeziehung arrangieren.

Igor kam mit 21 Jahren nach Deutschland, sodass es sich mit der russischen Sprache wohler fühlt. Deshalb ist es entscheidend, dass auch seine Partnerin Russisch spricht.

Nuancen kann ich nicht äußern, auch manche Feinheiten, wie soll ich sie verstehen? Da würde so etwas Gemeinsames flöten gehen. Für mich hat das eine sehr große Bedeutung: die ganzen Kindergeschichten, die ganzen Anekdoten, die ganzen Erinnerungen aus der Kindheit. (IGOR: 103f)

Auch wenn er davon überzeugt ist, dass seine Kinder unabhängig von der Abstammung ihrer Mutter jüdisch werden, steht er der Matrilinearität sehr kritisch gegenüber.

Das Problem ist nur, wenn meine Frau nichtjüdisch ist, dann will ich nicht, wenn wir uns bei einem Familienkrach provozieren, dass sie mich irgendwie darauf anspricht oder dass ihre Verwandten antisemitisch sind oder ihre Mutter oder ihr Vater. Ich will deshalb gleich auf die sichere Seite gehen und es mir ersparen. [...] Wenn meine Frau eine Russin ist, eine richtige Russin – sie sind alle so. Nicht alle, aber viele. (IGOR: 104f)

Weil es Igor ausgesprochen wichtig ist, dass seine Partnerin jüdisch und russischsprachig ist, ist sein Name in der grafischen Übersicht im Quadrat oben rechts zu finden. Zudem, wie auch MERON, MARIANNA und JEGOR ist er, ein aktives Mitglied ‚im Zentrum' des russisch-jüdischen Netzwerks, formt und gestaltet es.

Meron

ist ein guter alter Freund von Igor und seit fünf Jahren in die Organisation der Seminare eingebunden. Nun ist der 33jährige der zweite Vorsitzende des BJSD und hat Igor im Vorstand abgelöst. Über das Ziel der Seminare sind sie sich prinzipiell einig:

Das ist kostenloses Reisen, oder günstiges Reisen – Logieren – für mich und meine Freunde, oder für die entsprechende Gesellschaft, in der ich mich wohl fühle. Und natürlich um auch Leute kennenzulernen. Und auch Mädchen. (MERON: 115)

Trotz der langjährigen Präsenz bei diversen jüdischen Seminaren war für den Langzeitsingle die Richtige noch nicht dabei.

Ok, 7000 Studenten im Verteiler haben wir. Davon Mädchen – 3500. Dann Alter passend – 2000, keine Ahnung. Und man kennt sich. Ich kenne die alle, die passen, von den Interessen her, von dem Äußeren usw. Es kommt wirklich auf Null. […] Das sind vielleicht 10 Kandidaturen, die wirklich entsprechend dem Niveau, dem Alter und allem… Mit ihnen ist man wunderbar befreundet, aber wo es natürlich nicht funkt, weil 10 ist irgendwie zu wenig an Auswahl […]. (MERON: 116)

Wenn man Meron nach Alternativen zur jüdisch-russischen Partnerin fragt, sagt er: „Mit nicht-jüdisch käme ich wahrscheinlich eher klar als mit nicht-russischsprachig" (ebd.). Trotzdem fehlte bei seinen zahlreichen Erfahrungen mit nichtjüdischen Frauen immer „diese Atmosphäre, die ist dir bekannter, heimischer" (ebd.: 119). Möglicherweise ist im das Jüdische wichtiger, als es selbst vermutet:

Ich suche die richtige Mutter, dass sie die Kinder so erzieht, wie ich es gerne hätte. Weil die Erziehung läuft ja über die Mutter zum größten Teil. Und ich suche natürlich etwas Ähnliches, wo ich die Frau einschätze, dass sie sie halt im meinem Sinne, oder so wie ich es gewohnt bin, erzieht. Weil sonst sind mir die Kinder FREMD. (MERON: 120)

Meron war zwölf, als er nach Deutschland kam. Mittlerweile ist er im öffentlichen Dienst tätig und wurde vor kurzem verbeamtet. „Dabei bin ich immuner gewesen als du, was die deutsche Sprache angeht, zumindest. [lacht]" (ebd.) Seit er im Abitur Anschluss zu russischsprachigen Kreisen fand, spricht er in seiner Freizeit kaum Deutsch. Deshalb fehlt ihm die „Redegewandtheit" (ebd.) zum Flirten auf Deutsch.

ist mit Ruslan befreundet und begleitete ihn zu seinem Interview. Die traditionelle Jüdin und studierte Soziologin war früher am ‚Ministry of Immigrant Absorption' in Israel tätig. Erst vor kurzem kam sie nach Berlin, um im Auftrag der Jewish Agency for Israel (JAFI) die jüdische Identität junger Menschen zu stärken (MARIANNA in Richter 2013). „Mein Wunsch ist es, eine starke jüdische Studentenschaft [in Deutschland] aufzubauen, die an Israel interessiert ist." (ebd.) Damit repräsentiert sie das neue Ziel der Jewish Agency, das nicht mehr vordergründig die Alija, die Auswanderung nach Israel, anstrebt, sondern zuerst die Diaspora stärken will.

Als Vertreterin der fördernden Organisation ist sie nun aktiv in die Seminararbeit eingebunden. Auch die Veranstaltung in Köln, bei der ich teilgenommen habe, wurde von ihr in Zusammenarbeit mit JuBuK e.V. konzipiert, mit folgenden Zielen:

Look. It's not fair to talk with me, because I am the organizer of these seminars. I am a believer, ok? I hope that they meet there not only to make couples but also to study. [Am Tisch sitzender RUSLAN beginnt laut zu lachen.] Now you got the reaction. […] In fact, it is your purpose, but to make it in a clever way. […] If my matter is only to make couples, why don't I only make parties? (MARIANNA: 70)
For Jewish girls it is really not so important […]. But for a guy, it's very hard. If he has any Jewish experience or any Jewish feeling from his family, from a community, of this kind of seminars, he developed his own Jewish identity, in any way he thinks it is, he hopes to meet […] a young, clever, educated, silent, not silent in annoying way, attractive, Jewish girl. It think it's his biggest whish. (MARIANNA: 71)

Weil sie im Winter 2012 noch nicht fließend Deutsch sprach, wurde das Gespräch auf Englisch geführt[32]. Privat wie auch beim Seminar unterhielt man sich fast ausschließlich auf Russisch, was eindeutig die Hauptsprache im Netzwerk ist.

---

[31] Obwohl das Gespräch mit Marianna nicht geplant war und sie nicht als Protagonistin in das Sample passt, wurde sie dennoch als Expertin und als zentrales Netzwerkmitglied aufgenommen. Aus ihrer analytischen Perspektive konnte sie eine Reihe von Erklärungen zum Verhalten der Männer im Netzwerk beitragen, die v.a. im Kapitel 6.2 diskutiert werden.

[32] Dies war ein Vorschlag von Marianna, weil es auf diese Weise möglich ist, das Gesagte direkt zu zitieren ohne es aus dem Russischen übersetzen zu müssen.

Jegor [33]

Der 40jährige ist erfolgreicher Selbständiger und wurde vor kurzem in das ‚European Jewish Parliament' gewählt. Zu seinen Tätigkeiten gehört nun u.a. die finanzielle Förderung jüdischer Initiativen und Projekte. Dass diese hohe Position ihm zugesprochen wurde, erklärt er mit seiner verfestigten Einstellung zum Judentum. Er lebt zwar nicht religiös, jedoch ist er absolut sicher, dass er seine Zukunft nur mit einer jüdischen Frau verbringen kann. [34] Vor zwei Jahren dachte er noch nicht so – erst durch die Seminare hat er verstanden, wie wichtig es ist eine Jüdin zu heiraten. Natürlich hoffte auch er (zum Zeitpunkt der Interviews [35]) auf einer solchen Veranstaltung die Frau fürs Leben zu finden. Als es einmal mit einer russischsprachigen Nichtjüdin ernster wurde, sah er sich gezwungen die Beziehung zu beenden. Wie Meron spürte Jegor die fehlende jüdische Atmosphäre im Haus ihrer Eltern. Und die vielen Deutschen, die er kennt, sind seine Meinung nach „langweilig", haben „keinen Humor" und sind „weniger gebildet" als Juden, weshalb man sie auch „nicht mag". Überhaupt käme es für ihn nicht in Frage mit einer nichtjüdischen Partnerin nichtjüdische Kinder zu haben. „Sie sollen Chanukka feiern, vielleicht auch das russische Neujahr (Novij God), aber auf keinen Fall Weihnachten", sagt er. Jegor ist „glücklich erkannt zu haben, wer er ist und wie wichtig Wurzeln sind". Er sagt, es ist einfacher eine klare Meinung zu haben. Sicherlich verpflichtet ihn nun auch seine repräsentative Position zu dieser Einstellung.

4.2.2. Ljova, Ruslan, Wowa, Pavel und Tanja – das ‚Wir'

Ljova

„war kein normaler Bursche in dem Sinne, sondern [hat in der Ukraine, bevor er mit 24 auswanderte,] überdurchschnittlich verdient." (LJOVA: 46). Eigentlich wollte er „gar nicht auswandern, WENN nicht die ersten

---

[33] Jegor war mit der digitalen Aufnahme des Interviews nicht einverstanden und kann deshalb nicht wörtlich zitiert wird.

[34] In Zusammenhang damit hat er auf den Ratgeber von Doron Kornbluth hingewiesen „Why Marry Jewish?" (2003), das v.a. im Kapitel 6.2. besprochen wird.

[35] Beim dem kurz auf das Interview folgenden Seminar in Köln, lernte er eine Frau kennen (, die zufällig mit mir das Zimmer teilte). Beide waren sich sofort sympathisch, wie sie mir unabhängig voneinander sagten. Auch wenn sie in verschiedenen Teilen Deutschlands leben, war dies der Anfang einer Liebesbeziehung, die ein Jahr später noch anhielt. Aus der Forscherperspektive war es spannend zu sehen, dass die Seminare tatsächlich wie eine Partnerböse funktionieren können.

Auseinandersetzungen mit der Politik gekommen wären, wo ich um mein Leben gefürchtet hatte." (ebd.: 48). Mehr „als Absicherung für den Fall der Fälle" (ebd.), hat er den Ausreiseantrag acht Jahre von der Emigration gestellt.

Aus meiner Abteilung, wir waren 40 Mann, leben heute noch vielleicht 12-14. Die anderen sind in unterschiedlicher Weise nicht mehr auf der Welt. (LJOVA: 49) Also bin ich in dem Sinne ein wahrer Flüchtling. [...] Damals war es sehr schmerzhaft, ich habe es bereut, [...]. Ich wollte zurück, es war aber gefährlich... (LJOVA: 48)

Auch wenn Ljova beruflich sehr viel unterwegs ist, er ist leidenschaftlicher Ingenieur und Berater, fühlt er sich „nur in Deutschland Zuhause" (ebd.: 50). Auf die Frage, ob Israel als Zufluchtsort in Frage kam, antwortet Ljova überzeugt, dass er zwar „Jude von der Geburt [ist], aber [...] kein Religiöser, GAR nicht der Militante, der sagt ‚Ich muss nur in Israel leben und Israel ist über alles'" (ebd.: 48).

Mit Sochnut[36], wo er „sozusagen groß geworden" (ebd.) ist, wie viele andere Interviepartner auch, hat er ambivalente Erfahrungen gemacht. Einerseits hat er dort gerne viel Zeit verbracht: „Da gab es irgendwelche Seminare, Kommunikationstraining, Soft Skills, was auch immer. Aber es war immer interessant Menschen zu sehen, die ähnlich wie ich sind – auch Außenseiter, auch Streber, sehr viele." (ebd.: 53) Andererseits war es „mir viel zu ähnlich der kommunistischen Partei und geht mir immer noch so. Ich nehme sehr viel an den Veranstaltungen für Juden teil, wir organisieren mittlerweile solche Veranstaltungen.[37]" (ebd.)

Der 36jährige Single erzählt offen, dass er, trotz seine Präsenz in jüdischen Kreisen „komischerweise [...] nie eine jüdische Freundin gehabt [hat]. Nie im Leben. Liebhaberin ja [...]. Rein technisch habe ich schon vier Mal geheiratet im Sinne von langem Zusammenleben." (ebd.: 51) Es kam immer wieder zu Meinungsverschiedenheiten, weil seine Freundinnen sich nicht in ihn als Juden reinversetzen konnten und umgekehrt. Doch nicht nur der fehlende Bezug zum Jüdischen ist für Ljova ein Problem bei vielen Frauen aus Russland. Auch der verschwenderische Umgang mit Geld und die ständige Präsenz der Verwandtschaft würden ihn stören.

Dennoch haben russischsprachige Frauen bessere Chancen bei Ljova, denn bei der deutschen Sprache und „Mentalität" (ebd.: 51) fehlt ihm häufig das gegenseitige Verständnis. „Das sind solche kleinen Unterschiede: wie

---

[36] Jewish Agency for Israel, auf Hebräisch: Ha-Sochnut Ha-Jehudit L'Erets Jisra'el
     In den Ländern der ehemaligen Sowjetunion wird die ‚Jewish Agency' als ‚Sochnut' bezeichnet. Das Wort ‚Sochnut' bedeutet Agentur bzw. Büro.

[37] Damit meint er das deutschlandweite Projekt ‚Jewish Business Angels', das er zusammen mit dem Verein JuBuK e.V. durchführt.

man schaut, auf was man Glauben schenkt, worauf man achtet usw." (ebd.: 50) Ljova hat für sich eine Reihe von ‚Filtern' aufgestellt, die ihn zu der passenden Frau führen könnten: an erster Stelle steht der kulturelle Bezug, an zweiter die Werte im Leben, dann folgt „Selbstverbesserungsdrang. Ehrgeiz und Zielstrebigkeit trifft es nicht ganz" (ebd.: 58) und schließlich „Gutes Aussehen, Sex" (ebd.). „Nach dem Pareto-Prinzip heißt es, dass ich von 100 Frauen nur 20 eigentlich ansprechen würde. Und dazu kommt noch die persönliche Chemie, die zusammenpassen muss." (ebd.) Denn trotz jeder Berechnung glaubt Ljova „verdammt an die Liebe!" (ebd.)

Ruslan

ist ebenfalls Single und kam vor 16 Jahren mit Anfang 20 nach Deutschland. Die prägendste Zeit war für ihn direkt „die Zeit NACH der Einwanderung. Das war, denk ich mir, die interessanteste Zeit überhaupt." (RUSLAN: 65) Auf die Frage, ob Ruslan als Jude viel Wert darauf legt eine jüdische Partnerin zu finden, sagt er eindeutig nein. Bei seinen Freunden in Deutschland ist es „[Ruslan zögert] Fifty-fifty" (ebd.: 66).

Die Hälfte, mein ich, sind mit Iranern, Deutschen oder sonst irgendjemandem zusammen. Und die andere Hälfte versucht es unter sich. Kommt auf den Integrationsgrad an und sozusagen auf die gemeinsame Kultur, auf das Maß. Russische Bücher, Musik... [...] Viele präferieren das, unbedingt. (RUSLAN: 66)

Seinen Bezug zum Judentum sieht Ruslan eher als „belastendes Erbe" (ebd.). „Das ist das, wovon ich mich nicht trennen kann. Ich würde ja gern! [...] Die ganze Geschichte der Verfolgung, generell ein Teil einer verfolgten Minderheit zu sein, das ist nicht unbedingt etwas, wovon man träumt." (ebd.: 67) Trotzdem könnte er sich von jüdischen Themen und Freunden nicht distanzieren: „[W]ir sind auf derselben Welle. Humor; Werte; gemeinsame Vergangenheit; die Sachen, die wir zusammen durchgemacht haben; Integration in Deutschland" (ebd.). Ruslan ist auch derjenige, der bei der Beschreibung jüdischer Gemeinsamkeit und Eigenschaften am häufigsten die Wir-Form verwendet.

Wenn man ihn nach seinem Freundeskreis fragt, hat er „die Counter in den sozialen Netzwerken (ebd.: 67) vor Augen. Er ist bei Facebook und dem russischen Pendant ‚Vkontakte.ru', so wie die meisten seiner Freunde. Fast alle sind russischsprachig, viele jüdisch und „deutschlandweit verteilt" (ebd.). Trotzdem ist man in regelmäßigem Kontakt. Auch er fährt regemäßig zu den Seminaren, um Bekannte wiederzusehen, neue Menschen kennenzulernen und natürlich „um zu gucken" (ebd.: 68). Doch „diese Seminare als Heiratsmarkt zu betrachten ist [in seinen Augen] überholt." (ebd.) Da man sich untereinander schon kennt, sind (fast) alle möglichen

Paarkonstellationen bereits zustande gekommen und haben zur Hochzeit oder zur Trennung geführt.

Auf den ersten Blick wirkt es widersprüchlich, dass Ruslan sich nicht explizit eine jüdische Partnerin fürs Leben wünscht, wo er doch so aktiv im Netzwerk ist. Offensichtlich ist ihm klar, dass dieser Wunsch unter den gegebenen Bedingungen womöglich keine Erfüllung finden wird. Dennoch stellt sich die Frage wie wahrscheinlich für ihn eine langfristige Beziehung mit einer Nichtjüdin wäre. Zum einen verbringt es den Großteil seiner Freizeit in russisch-jüdischen Kreisen. Zum anderen würde ihm mit einer deutschen Frau der Wortwitz fehlen. „Wenn du manchmal Witze übersetzen musst und die dann nicht 100%ig klappen... Guck mal, Ironie und Selbstironie ist ein Teil meines Lebens, das ist sehr wichtig." (ebd.).

Angesichts dieser Aussagen müsste man RUSLAN, und auch LJOVA auf der Übersichtsgrafik in der linken unteren Ecke platzieren. Doch weil die beiden sich so stark mit dem Netzwerk identifizieren und, wie spätestens beim Seminar in Köln deutlich wurde, mit den meisten bekannt sind und von ihnen verstanden fühlen, steht Ljova und Ruslan mit Recht ein Platz innerhalb russisch-jüdischen ‚Kreises‘ zu.

Wowa

ist ebenfalls ein ehrgeiziger Informatik-Student, dem seine Karriere ausgesprochen wichtig ist. Mit 18 wanderte er mit seiner Mutter aus der Ukraine aus, wo er eine jüdische Schule[38] und jüdische Ferienlager besucht hatte. „Mir war schon immer bewusst, dass ich ein Jude bin und dass ich bisschen anders als andere Leute bin. [...] Es gab natürlich schon paar [antisemitische] Zwischenfälle wie bei jedem, aber ist ok." (WOWA: 37) Auch wenn Wowa sich hier mittlerweile „wie Zuhause" (ebd.) fühlt und wenn, dann nur als deutscher Staatsbürger nach Russland oder in die Ukraine zurückkehren würde, merkt er deutlich einen „Unterschied der Mentalitäten" (ebd.: 38) zu den Deutschen: „Sie können einander besser verstehen" (ebd.). Nicht alle seiner hauptsächlich russischsprachigen Freunde sind auch jüdisch. Er selbst macht da keinen großen Unterschied und findet es schade, dass sie zu jüdischen Seminaren nicht mitbringen kann. Trotzdem fährt er sehr gerne dahin, auch wenn die Kosten mit Anreise doch schon bei 150 Euro liegen. Was ihn „überrascht hat ist, dass da meistens gebildete Menschen hinkommen: Studenten und auch

---

[38] Hiermit ist eine säkulare Schule für jüdische Kinder gemeint, die Hebräisch- und ev. Religionsunterricht anbietet. In fast allen Großstädten der ehem. Sowjetunion etablierten sich solche Schulen, um Kindern jüdische Traditionen näher zu bringen und eine mögliche Konfrontation mit Antisemitismus zu vermeiden.

arbeitstätige junge Menschen. [...] Es [ist] schon kulturell so gewachsen, dass die [jüdischen] Eltern das SEHR wichtig sehen, dass die Kinder eine Hochschule abschließen." (ebd.: 39) Da „die Teilnehmer aus ALLEN Städten Deutschlands kommen" (ebd.: 40), findet er die Kommunikation nach dem Seminar nicht so einfach, auch wenn alle bei Facebook sind.

Generell spielt das Judentum für Wowa „zurzeit keine so große Rolle" (ebd.: 38). „Ich identifiziere mich mit dem jüdischen Volk. [...] Zurzeit sehe ich noch keinen Grund sich MEHR mit dem Thema zu beschäftigen. Vielleicht wenn ich Familie habe, wenn ich mal verheiratet bin und eine jüdische Frau habe, [...] VIELLEICHT." (ebd.) Wie bei anderen Interviewpartnern würde auch Wowas Familie „jede [s]einer Entscheidungen akzeptieren" (ebd.: 41). Seiner Mutter wäre es dennoch lieber, wenn ihr Sohn sein Leben mit einer Jüdin verbinden würde. Sie versucht ihn zu „überzeugen, dass es einfacher wäre, weil dann gibt es keine Nationalfrage in der Familie" (ebd.).

,Soll man das Kind taufen oder eine Beschneidung machen?' Das ist schon ein Spannungsfeld. [...] Dazu noch, ich werde NIE jüdische Kinder haben, wenn ich eine nichtjüdische Frau heirate. Und DA hat man schon Probleme. Wenn irgendwelche Taglit-Veranstaltungen, [...] da schauen sie wirklich auf die Herkunft...(WOWA: 41f)

Gleichzeitig steht er jüdischen Traditionen kritisch gegenüber: „Die Chuppa[39] und die Beschneidung und so weiter, das finde ich übrigens auch nicht so gut." (ebd: 42) Bei seiner Partnerin und den zukünftigen Kindern wäre Wowa vor allem wichtig, „dass man sich bewusst ist, dass man zu dieser Gruppe von Menschen gehört" (ebd.). Auch wenn er demzufolge eindeutig eine jüdische Frau präferiert, die russischsprachig sein soll (ebd.: 42), würde Religiosität jeder Art in seiner Beziehung zu Spannungen führen.

Pavel

kam mit 10 Jahren nach Deutschland und war zu Beginn mit Maxim befreundet. Doch dann entwickelten sie sich auseinander. Pavel hat hauptsächlich russischsprachige Freunde, Maxim war „dann DOCH mehr Deutscher, eben durch den Schulbezug. Ich hatte dann extrem wenig Ausländer im Freundeskreis." (MAXIM: 90) Auch Pavel hatte begonnen in den ersten Jahren „teilweise [s]eine eigene Sprache" (PAVEL: 85) zu vergessen. Deshalb hat er „angefangen mehr mit den Leuten zu reden, zu lesen, zu schreiben, russische Musik zu hören" (ebd.). Auch im Bezug auf Partnerschaften hatte Pavel kein Interesse an deutschen Frauen.

---

[39] Der Ausdruck ,Chuppa' bezeichnet den Traubaldachin bei einer jüdischen Hochzeitsfeier und steht stellvertretend für die Hochzeit selbst.

Ich habe mir manchmal selber gedacht, dass ich mich teilweise selbst ausgegrenzt habe. Andererseits [überlegt], ich hatte kein so großes Interesse mit ihnen über irgendwas zu sprechen, weil ich weiß, dass die [sucht nach Worten]. Ich kann mit ihnen einfach nicht so offen sein. […] Irgendwann kommen wir immer auf das Thema, was hat dein Großvater zwischen 1933 und '45 gemacht. Und dann endet sozusagen die Kommunikation. (PAVEL: 88)

Pavel trennt, genau wie andere Interviewpartner, zwischen „Privat und Arbeit" (ebd.: 89). Nur in der Schule oder bei der Arbeit redet er Deutsch. Seine russischsprachigen Freunde lerne er bei den Seminaren kennen, wo er gerne hinfährt, um

seinen Freundeskreis zu erweitern. Netzwerk, also Freunde, Bekannte. Sicherlich auch vielleicht einen Partner fürs Leben zu finden. Das gehört dazu, weil manche wollen sich einfach nicht mit anderen vermischen. […] Ich bin da eher offen. Wir leben in einer offenen Gesellschaft, da kann man auswählen, was man will. (PAVEL: 87)
Na gut, wenn ich in einer Beziehung bin, dann würden die Seminare teilweise entfallen. [grinst] Da würde man von der Struktur her gar nicht mehr reinpassen. Ja, es ist im Prinzip so, dass mein Freundeskreis russischsprachig ist und meine Freundin ja, wahrscheinlich russischsprachig sein sollte, muss, könnte [lacht]. Wir sind zwar alle Juden, aber wir sehen uns mehr als Russen, ja, mehr als Russen, die hier wohnen. (PAVEL: 88) […] Man weiß zwar, dass man Jude ist, aber jetzt die ganzen Sachen einhalten, das machen wir nicht. (PAVEL: 89)

Bemerkenswert, wie Pavel in die Wir-Form wechselt, wenn er von Juden spricht. Zudem redet er vom privaten „Netzwerk" jüdischer Freunde und Bekannte. Auch erwähnt er die Grenze, die zwischen Privat und Arbeit verläuft und das Russische vom Deutschen trennt.

Tanja

wurde bereits für das Orientierungsinterview hinzugezogen und ist die einzige Frau im Sample, die nicht als Expertin (wie Marianna) interviewt wurde. Der 26jährigen Psychologin war es wichtig einen jüdischen Partner zu finden, mit dem sie Russisch sprechen kann. „Also, jetzt bin ich in einer Beziehung mit einem… nein, nach dem jüdischen Gesetz ist er, glaube ich, kein Jude. So weit ich weiß. [überlegt] […] ABER trotzdem finde ich es angenehm, dass er jüdische Wurzeln hat." (TANJA: 21) Vor ihm war sie mit einem gläubigen Christen zusammen, womit sie Schwierigkeiten hatte. Trotzdem sagt sie: „Wenn ich mich Hals über Kopf in jemanden verliebe und er ist kein Jude, mein Gott… [spöttisch] MEINE Kinder werden eh jüdisch sein. [lacht]" (ebd.: 23)
Daraufhin rückten männliche Interviewpartner in den Forschungsfokus. Nichtsdestotrotz erkennt man bei Tanja, wie auch bei anderen jüdischen Frauen, ähnliche Motive und Argumentationsstrukturen wie bei männlichen Interviewpartnern – allerdings in abgeschwächter Form.

4.3. Outgroup – im Dazwischen, am Rande

Die Mitglieder der Outgroup sind auf der Übersichtsgrafik mit einer gestrichelten Linie umrandet. Es sind diejenigen, die sich im Netzwerk russischsprachiger Juden nur sporadisch bewegen (,Grenzgänger'), sich selbst davon ausschließen (,gern im Abseits') oder aufgrund fehlender Sprachkenntnisse (,ausgegrenzt') bzw. der jüdischen Abstammung mütterlicherseits (,Vaterjuden') ausgeschlossen werden. Natürlich ist diese Einteilung nicht absolut und weicht möglicherweise vom Selbstbild der Interviewpartner ab. Auch sind Überschneidungen und fließende Übergänge der Thematik inhärent.

4.3.1. Jura und Dennis – die Grenzgänger

Jura

kam vor acht Jahren über Umwege nach Deutschland. Im letzten Schuljahr wechselte er auf eine jüdische Schule und bekam daraufhin ein Stipendium für ein Studium in Israel. Die Familie versprach sich davon bessere Zukunftschancen für Jura, sodass er – damals ein überzeugter Zionist – mit 18 Jahren nach Israel auswanderte. Er begann ein religiöses Leben zu führen und wurde nach einem Jahr an der Universität für drei Jahre in die israelische Armee eingezogen. Doch nach einem Besuch Zuhause in Russland kehrte er nicht mehr zurück, sondern reiste nach Deutschland, lernte die Sprache und blieb als israelischer Student. Mittlerweile ist er 30 und hat einen Bachelor- und einen Master-Abschluss.

> Zuerst dachte ich, vielleicht kehre ich zurück nach Israel. Jetzt will ich auf jeden Fall in Deutschland bleiben. [...] Ich meine, es ist nicht negativ gemeint. Es ist nur, dass es für mich nicht passt. Die Individualität und persönliche Eigenschaften der Menschen werden immer wieder gebrochen, um eine GEMEINSAME EINHEIT zu schaffen. (JURA: 61)

Jura hat seit vielen Jahren keine feste Beziehung geführt und findet, dass das Leben und die Liebe unberechenbar sind. Auch wenn einige seiner Freunde gezielt eine jüdische Partnerin suchen, ist er in dieser Hinsicht ganz offen. Er findet, dass man durch zu konkrete Erwartungen seine Sichtweise verengt. „Einerseits wäre es natürlich schon gut [eine jüdische Freundin zu haben]. Dann haben wir so eine kulturelle Gemeinsamkeit. Andererseits stelle ich mir keine größeren Rahmen. Wenn ich mich in jemanden verlieben würde, dann ist es egal." (ebd.: 63). Ab und zu geht Jura zu jüdischen Veranstaltungen, auf entsprechende Partys oder in die Synagoge. „Ich sage nicht nein zu jüdischem Leben" (ebd.). „[Ich will] mir alles offen lassen, um mehr Auswahl zu haben" (ebd.: 39).

Dennis

ist genau wie Jura 30 und spielte zu Schulzeiten ebenfalls mit dem Gedanken nach Israel auszuwandern. Die ursprünglichen Auswanderungspläne von Dennis wurden von Sochnut, der Jewish Agency, motiviert, deren Ferienlager er als Kind viele Jahre lang besucht und später geleitet hat. Zweimal stand er schon „praktisch mit dem Ticket am Flughafen" (DENNIS: 27)", konnte aber seine Mutter nicht zurücklassen. Da sie ihn nicht nach Israel gehen lassen wollte und sie beide in der Ukraine keine Zukunft sahen, entschied man sich notgedrungen für Deutschland. Zu diesem Zeitpunkt war er schon 20 und hatte bereits zwei Jahre studiert.

Der Start in Deutschland war in diesem Alter nicht einfach, insbesondere im Studium fehlten die Deutschkenntnisse. Doch Dennis fand schnell Anschluss bei internationalen Studenten und beendete erfolgreich sein Studium. Zurzeit arbeitet er gezielt an seiner Karriere, um seinen zwei konkreten Zielen näherzukommen: „KOMFORT und FREIHET" (ebd.: 28). Auch privat ist DENNIS sehr glücklich mit seiner Beziehung, auch wenn die Frau an seiner Seite nichtjüdisch ist.

> Deswegen habe ich immer weniger Berührungspunkte und ja, ich muss sagen, die Beziehung zum Judentum als Religion verliere ich immer mehr. (DENNIS: 32) Und wenn ich zum Beispiel zu einem jüdischen Seminar gehen würde – mitkommen wäre für sie wahrscheinlich eh nicht interessant. (DENNIS: 34)

Lieber verzichtet er auf das Seminar, als seine Freundin deshalb allein zu lassen. „Die Beziehung geht vor, in dem Sinne." (DENNIS: 34)

4.3.2. Vladimir und Peter – die Vaterjuden

Vladimir

der schon ausführlich im Exposé vorgestellt wurde, ist ein 23jähriger junger Mann, der seit sieben Jahren in Deutschland lebt. Er sagt, dass die erste Zeit für ihn gut und besonders interessant war, weil er „einfach sehr viele NEUE Sachen gelernt habe" (VLADIMIR: 9). In seiner Freizeit trifft sich Vladimir „natürlich öfter mit denen, mit denen [er] Russisch sprechen kann" (ebd.: 12), auch wenn das prinzipiell für ihn nicht wichtig ist.

Vladimir ist ein patrilinearer Jude, d.h. seine Mutter ist nichtjüdisch. Nichtdestotrotz hat sie seine jüdischen Wurzeln schon früh gefördert, brachte ihn zur Sonntagsschule, übte mit ihm Hebräisch. Jetzt ist sie ein wenig besorgt, dass Vladimir sich – zusammen mit seiner Freundin, die ebenfalls väterlicherseits jüdisch ist – auf einen offiziellen religiösen Übertritt zum Judentum (Gijur) vorbereitet.

Naja, wenn man nicht halachisch jüdisch ist, dann kann man ja nicht Mitglied der Gemeinde sein, eigentlich. Das ist aber nicht das Ding. Hauptsache man bleibt so wie man ist. Einerseits. Andererseits, ich bin schon auf dem Weg alle Sachen zu machen, die für Gijur nötig sind. (VLADIMIR: 11)

Sicherlich ist es für ihn eine Herausforderung die Balance zwischen einem religiösen und einem säkularen Leben zu finden. Auf die Frage ob und wie genau Vladimir Judentum praktiziert, äußert er eine sehr liberale Ansicht:

Du kannst das ja ganz unterschiedlich. Du kannst ja auch liberale oder egal… die du auch für sich selbst so interpretieren kannst, wie du möchtest. Eigentlich ist der Glaube so. Aber natürlich ist es wichtig alles genau so zu machen, wie es empfohlen wird. (VLADIMIR: 10)

Abgesehen davon versuchen die beiden am jüdischen Leben in ihrer Stadt teilzunehmen. Ohne Gijur können sie keine Mitglieder der jüdischen Gemeinde werden. Der Teilnahme am ‚privaten' russisch-jüdischen Netzwerk steht allerdings nichts im Wege.

Somit ist VLADIMIR genau wie JURA und DENNIS ein Grenzgänger, jedoch auf unterschiedliche Weise. Die beiden Letzteren sind durch ihr ‚Geburtsrecht' in jeder jüdischen Organisation, ob religiös, offiziell oder mit Freizeit-Charakter, willkommen, haben sich aber im Laufe ihres Leben bewusst davon distanziert. Vladimir dagegen wendet sich dem jüdischen Leben hin und strebt sogar einen offiziellen Übertritt an, weil ihm die non-formale Mitgliedschaft nicht genügt.

Peter

ist im Alter von zwölf Jahren mit seinen Eltern aus Russland ausgewandert, in erster Linie aufgrund von „ökonomischer Unsicherheit" (PETER: 142), wie die meisten Interviewpartner. Zu Beginn war Peter sehr zurückhaltend: „bis ich wirklich auch DEUTSCHE Freunde hatte, hat es doch ordentlich gedauert, bis in die Oberstufe" (ebd.:143). Trotzdem hat er sich schon früh gegen die russischsprachige Clique entschieden. Selbst den Russisch-Kurs, der seine Abiturnote verbessert hätte, hat er abgelehnt.

Ich erkläre mir das so, dass ich einfach keinen Bock hatte auf diese Migranten-Community, worauf ich eigentlich NIE Bock hatte. […] Ne, ich hatte immer das Gefühl ich kann mit diesen Leuten nichts anfangen. […] Es waren da die üblen Nerds, die sich so zwanghaft an irgendeiner Version der Ursprungskultur halten, die völlig veraltet ist und irgendwie den Geschmacksstand ihrer Eltern in den 70ger Jahren repräsentiert. (PETER: 144)

Heute hat Peter einen sehr gemischten Freundeskreis und hat nur wenig Kontakt zu Leuten, mit denen er Russisch sprechen kann. Dennoch erinnert er sich gerne an seine zehntägige Taglit-Reise nach Israel, eine Möglichkeit seine ‚russische Seite' auszuleben.

> Ja, das war schön! Die ersten paar Tage haben wir nur gegackert die ganze Zeit. SO viel Russisch habe ich lang nicht mehr gesprochen zu dem Zeitpunkt. Du merkst, du bist einfach ganz anders in deiner Muttersprache, auch wenn du sie mit den Jahren verlernst [lacht laut]. (PETER: 144)

Nichtsdestotrotz war das Programm für seinen Geschmack zu propagandistisch: „Ich halte nichts von NATIONALISMUS. Bitte! Also, Israel steht nicht repräsentativ für alle Juden in der Welt. Und das wird es auch niemals tun. Weil nach Israel einfach nicht alle Juden der Welt reinpassen." (PETER: 149).

PETER ist wie VLADIMIR ein patrilinearer Jude. Doch im Gegensatz zu ihm denkt er gar nicht daran zu konvertieren. Und auch bei der PartnerInnenwahl schränkt er sich weder auf Russischsprache noch auf Jüdinnen ein. Anstatt des Judentums hat er sich einer Vereinigung von Menschen teiljüdischer Herkunft ‚doppel:halb e.V' angeschlossen, auch weil er mit jüdischen Gemeinden keine guten Erfahrungen gemacht hat:

> Ich habe da persönlich einfach schlecht Anschluss gefunden, weil in Deutschland KANN ICH NICHT in eine Gemeinde aufgenommen werden. Und ich WILL auch nicht in die Gemeinde unter diesen Vorzeichen aufgenommen werden. Da müsst ich FAKEN, als wäre ich gläubig. Und ich KANN es nicht faken, weil ich Atheist bin. Ich müsste dann konvertieren. Aber was soll ich in irgendwas konvertieren, was ich ohnehin schon bin? Ist mir egal, wenn sie das nicht akzeptieren wollen, ich bin trotzdem jüdisch, also AUCH jüdisch. Unter anderem jüdisch, neben allen anderen Sachen, die ich bin. (PETER: 146)

4.3.3. Erik und Maxim – gern im Abseits

Erik

wurde einige Tage vor der Geburt seines Sohnes interviewt. Als seine Freundin, die nicht jüdisch ist, schwanger wurde, begann er sich intensiver mit seiner jüdischen Zugehörigkeit auseinander zu setzen.

> Das war auf jeden Fall so ein Punkt, […] wo ich auch überlegt habe, was ich für mein Kind will oder überhaupt, was für Entscheidungen ich treffen will… mit meiner Partnerin… […] Und ja, sowas wie Beschneidung kam für sie gar nicht in Frage zum Beispiel. Und da musste erst mal viel argumentiert werden, weil irgendwie wollte ich das. Schwierig zu beschreiben warum, aber es war mir wichtig, dass mein Sohn beschnitten wird. Es ist schon erklärbar, aber ist jetzt nicht sehr rational." (ERIK: 76f)

Eriks langjährige Freundin ist nichtjüdisch, war jedoch bereit für ihn und für den ‚Status' der Kinder zum Judentum zu konvertieren.

> Sie müsste VIEL mehr machen, als ich jemals in meinem Leben gemacht habe. Und 90% davon, damit können wir beide nicht viel anfangen. (ERIK: 78)

Aber deswegen werde ich oder will ich nicht, dass meine Freundin, die vielleicht noch nicht mal an Gott glaubt und damit überhaupt nichts am Hut hat, für MICH das tut, damit ICH in einer Gemeinde dann sagen kann „Ja hier, auf dem Papier, wir sind Juden, wir können hier teilhaben". (ERIK: 79)[40]

Erik wurde in Deutschland geboren und hat viele Jahre mit seinen Eltern in Prag gelebt. Dennoch ist er in einer russisch-jüdischen Familie groß geworden. Sie lebten nicht religiös, doch einem Teil seiner Verwandten ist das Jüdischsein sehr wichtig:

Es war auch SUPER anstrengend von der Familie meines Vaters, als ich Single war. „Ja, wir stellen dir mal das Mädchen vor und das Mädchen vor und ja, sie ist doch so schön jüdisch. COME ON! Ich wusste halt eh, dass DIE Leute, die sie mir vorstellen, sind halt null DIE Menschen, die ich kennenlernen will oder mit denen ich glücklich werden könnte. (ERIK: 81)

Auch wenn Erik nicht als Kontingentflüchtling nach Deutschland kam, kennt er diesen Diskurs und hat „bewusst keine Lust drauf. Weil ich kenne dieses russisch-jüdische Netzwerk natürlich. Ich weiß… Wie gesagt, die Familie meines Vaters ist da schon genau da DRIN. Und ich find halt nervig, und auch nicht gut, ganz ehrlich. Es grenzt einen ab." (ERIK: 81)

Maxim

findet auch keinen Bezug zu russisch-jüdischen Kreisen, auch wenn er parallel mit Pavel im gleichen Alter nach Deutschland kam. Während Pavel sich hauptsächlich mit russischsprachigen Freunden umgibt und am jüdischen Gemeindeleben aktiv teilnimmt, ist Maxim davon weit entfernt: „Sie haben ihr Ding, es kann sein, dass sie sich auch selber schon mehr oder weniger dadurch ausgrenzen." (MAXIM: 90)

Auch selbst JUDE [sagt es besonders vorsichtig] sein, ist für mich genauso irrelevant, wie alles andere. Was ist Jude? – eine Religion. Ich kann mir vorstellen, dass sich einige Menschen gern verschiedenen Religionskreisen anschließen, um einen konkreteren Bezug im Leben zu finden. Ich habe meine eigenen Bezüge und bin darauf nicht angewiesen. (MAXIM: 87)

Seit vielen Jahren lebt der 23jährige mit seiner deutschen nichtjüdischen Freundin zusammen und interessiert sich nicht besonders für das Judentum. Vor einer Weile begann er jedoch sich über die Holocaust-Geschichte seiner Familie zu informieren, die im Yad Vashem dokumentiert ist.

Dann gibt es natürlich den kulturellen Bezug, dass man sagt man hat da seine Wurzeln; man ist stolz drauf; man weiß, was passiert ist. […] Ich werde [meinen Kindern] schon meine oder UNSERE Geschichte erzählen, wenn die Zeit reif ist.

---

[40] Hier spricht er das Problem an, auf das Vladimir und Peter tatsächlich stoßen, weil sie sog. ‚Vaterjuden' sind.

Allerdings, […], was habe ich da kulturell mitzugeben? Was macht mich zu einem kulturellen Juden? Ich praktiziere GAR nichts. Ich bin weder in der Gemeinde oder sonst irgendwas… (MAXIM: 90)

4.3.4. Dan – ausgegrenzt

Dan

ist kein ‚typischer' Interviewpartner, denn er gehört nicht der *dritten Generation* an, ist kein Kontingentflüchtling und spricht auch kein fließendes Russisch. Er sagt: „Meine Eltern sind aus der Ukraine. Sie haben es mir nicht so weitergegeben, aber ich verstehe mehr als ich sprechen kann" (DAN: 131). In Israel geboren, kam er mit 4,5 Jahren nach Deutschland, sieht sich aber im russisch-jüdisch-deutschen Diskurs „nicht als Deutschsprachigen" (ebd.) an. Vielmehr fühlt sich Dan dem russisch-jüdischen Netzwerk angehörig, von dem er jedoch ausgeschlossen wird, weil er nicht russischsprachig ‚genug' ist.

Dan sucht(e) eine jüdische Frau fürs Leben – unter anderem im Internet. Was er mit ihr teilen möchte ist „das GEFÜHL, diese Verbundenheit zu Israel, dieses Heimatgefühl – das wird ein Nichtjude nicht verstehen! Unabhängig davon, von der ganzen Geschichte. Wo man herkommt, diese Traditionen, auch wenn ich nicht religiös bin, aber zumindest..." (ebd.: 128). Dabei sollte sie halachisch jüdisch sein, „wenn nur der Vater jüdisch ist, dann [ist sie es] nach dem jüdischen Gesetz NICHT. Wo wird denn dann geheiratet? Im Standesamt? Weil unter der Chuppa geht's nicht. Also Glas zertreten geht nicht." (ebd.: 142) Seine ‚Kontaktanzeige' in jüdischen Facebook-Gruppen und die Suchaktion, bei der Dan „MEHRERE Hundert. Vielleicht […] Tausend" (ebd.: 130) junge jüdische Frauen angeschrieben hat, verhalfen ihm zu einer gewissen Popularität:

Natürlich ging es rum: „Habt ihr das von DAN gehört?" In Weimar haben sie mich Mr. Facebook genannt [lacht]. Das war nicht witzig. A, wegen meinen Mädchengeschichten. Und B, es gab auch öfter Diskussionen wegen diesen „Russisch-Juden" und „Nicht-Russisch-Juden". Weil die auf einmal anfangen, auch bei JuBuK, NUR Russisch zu schreiben. Und das ist unfair den Nicht-Russen gegenüber. Gab manchmal HEFTIGE Auseinandersetzungen, also kommunikativ. (DAN: 130) Ich kam mir natürlich auch immer komisch vor das [Gesuch] zu posten, ja? So öffentlich. Aber ich habe gedacht, lieber es machen, als daran denken es zu tun […], vielleicht reagiert ja eine. (ebd.)

Leider hatte Dan, jedenfalls zum Zeitpunkt des Interviews, kein Glück mit Frauen. „Ich kann nicht mehr. Ich bin 35 Jahre alt! Ich hab keinen Bock mehr auf etwas zu warten, zu suchen, was… Soll ich mit 80 Vater werden?" (ebd.: 128)

Ab und zu besucht er jüdische Veranstaltungen in seiner Stadt, aber nur die, die nicht zu religiös sind. Einige Male war er bei Wochenendseminaren, doch auch dort war nicht die passende Frau dabei:

> Ich hatte nie Bock irgendwo an den Arsch der Welt zu fahren für ein Seminar, wo ich dachte, sei mir jetzt nicht böse für den Ausdruck, wo nur hässliche Frauen sind. Dafür fahre ich 300-400 Kilometer, zahle auch noch Geld dafür und komme auch ABGETURNT wieder zurück? (DAN: 130)

Nichtdestotrotz fährt er zum nächsten Jugendkongress und hofft die Herzensdame zu treffen, denn diese Veranstaltung ist vom ZWST[41] organisiert und richtet sich ausschließlich an Gemeindemitglieder, also an halachische Juden. Die Auswahl ist und bleibt jedoch eingeschränkt, weil israelische Jüdinnen für Dan nicht in Frage kommen, „die sind halt nicht zivilisiert" (ebd.: 133). Deutsche Jüdinnen wiederrum kennt er kaum, weil man „findet ja eigentlich nur noch... nur noch Russen" (ebd.). „Die russischen Juden haben ja nicht-russischen Juden alle vertrieben." (ebd.).

---

[41] Die Zentralwohlfahrtsstelle der Juden in Deutschland (ZWST) vertritt als Dachorganisation „die jüdischen Gemeinden und Landesverbände auf dem Gebiet der jüdischen Sozialarbeit". (Quelle: www.zwst.org/de/zwst-ueber-uns/, Stand: 15.06.2013)

5. Ein- und Ausgrenzungsprozesse

„Etwas ist, was es ist, indem es sich als Stein, Pflanze, Tier oder Mensch,
als natürliches oder künstliches Ding
von anderen abgrenzt",

und das innerhalb eines Ordnungssystems, sagt Bernhard Waldenfels (2006: 15). Allerdings ist der Mensch „ein Wesen, das nicht in feste Grenzen eingeschlossen ist, das sich vielmehr auf bestimmte Weise zu seinen Grenzen verhält" (ebd.).

In den Interviews wurde deutlich, dass die Ingroup eine starke Tendenz, sich jüdische und russischsprachige PartnerInnen zu wünschen, aufweist. Diese Präferenz geht mit einer Reihe von gruppendynamischen Ein- und Ausgrenzungsprozessen einher. Das Verhältnis des Netzwerks russisch(sprachig)er Juden in Deutschland zu ihren Gruppengrenzen und Grenzgruppen ist das, was im Folgenden ins Zentrum der Aufmerksamkeit rückt.

„Gemeinhin können wir davon ausgehen, daß [sic] Ordnungen nicht nur ihre Grenzen haben, sondern daß [sic] Ordnungsprozesse Grenzen entstehen lassen." (Waldenfels 2006: 15) Deshalb gilt es nicht nur Grenzverläufe zu untersuchen, sondern auch deren Entstehung, und zwar im Kontext der jeweiligen ‚Ordnungsprozesse'.

Das erste Unterkapitel ‚‚Wir' – eine Nation' untersucht die Ursprünge und die Bedeutung des Begriffs der Nation für Juden allgemein sowie für die *dritte Generation*. Es stellt sich die Frage nach den Ursprüngen der Nationalkultur und ihren verbindenden und verallgemeinernden Eigenschaften. Schließlich geht es um Selbstethnisierung der Netzwerkmitglieder und deren Motivationen dafür.

Das Kapitel ‚‚Wir' – ein Netzwerk' widmet sich in erster Linie den Bedingungen der Netzwerkentstehung und dessen Eigenschaften, beginnend mit der doppelten Fremdheitserfahrung der *dritten Generation*. Durch die Migration sind sie mit den für sie neuen Rollen als ‚Ausländer' und als ‚Russische Juden' konfrontiert. Die damit verbundenen Konflikte werden hier näher betrachtet. Weiter geht es um die dreistufige Prozesshaftigkeit der ‚Entstehung' der Gruppe und des Wir-Gefühls. Diese gehen mit der Veränderung der erwähnten Ordnungsprozesse einher, in dem Fall ausgelöst durch Migration. Das Funktionieren und die Funktion des Netzwerks werden ebenfalls untersucht. Dazu soll zuerst die Sinnhaftigkeit des ‚Netzwerkbegriffs' und das damit verbundene Prinzip der ‚Reziprozität' geklärt werden. Dann gilt es die konstituierende Rolle des ‚sozialen Kapitals' als Summe von ‚Sicherheit stiftenden Ressourcen' zu klären. Weiter geht es um ‚Solidarität und Konkurrenz' im Netzwerk wie auch um seine Wege der ‚Institutionalisierung und Kommunikation'. Schließlich wird die Möglichkeit im Netzwerk ‚auf Brautschau' zu gehen als eine seiner Schlüsselfunktionen beleuchtet.

Im dritten Unterkapitel stehen die ‚Grenzverläufe' an sich im Mittelpunkt. Dazu wird das Konzept der ‚Grenze' theoretisch eingeordnet, um daraufhin die Abgrenzungsmotive der Netzwerkmitglieder gegenüber ‚den Anderen' darzustellen. Die Einteilung in Gruppen in ‚Deutsche', ‚Russen', ‚Antisemiten' und ‚*andere* Juden' basiert auf dem vorliegenden Interviewmaterial.

5.1. ‚Wir' – eine Nation

Auch wenn die Vorsitzenden jüdischer Gemeinden und Organisationen der Überzeugung sind, dass die Religion der Kern des jüdischen Selbstverständnisses in Deutschland sein soll, rufen die Ergebnisse div. Umfragen wie auch die Aussagen der Interviewpartner längst zum Umdenken auf. Kesslers Umfrage zeigte (bereits 2002), dass Religion, zumindest für Berliner Gemeindemitglieder, nicht (mehr) den Mittelpunkt ihres Jüdischseins darstellt. Demnach wäre „es vielleicht angemessener von Jüdischer ‚Kultur- oder Interessengemeinde' als von ‚Kultus- oder Religionsgemeinde' zu sprechen" (Kessler 2003c).

Nichtsdestotrotz identifizieren sich viele Vertreter der *dritten Generation* mit und durch das Judentum – nur eben nicht im religiösen Sinne, so wie es die Generation der ‚Alteingesessenen' erwartet. Für alle Interviewpartner war Religiosität „kein Must have" (IGOR: 100), um jüdisch zu sein. Igor vertritt die Meinung vieler, dass ein Jude jemand ist, „der jüdische Vorfahren hat, es kann auch ein Großvater sein" (ebd.). Entscheidend ist, dass man sich „als Teil des jüdischen Volkes sehen" (ebd.) möchte. Für die meisten Gesprächspartner ist das Judentum also eine Volkzugehörigkeit mit einer „dicke[n] Kulturschicht" (RUSLAN: 66).[42] Demzufolge bietet sich die Betrachtung von Juden als eine Nation an.

Stuart Hall sagt, dass nationale Kulturen in der modernen Welt „Hauptquellen kultureller Identität" (1994: 199) sind. „Der Tatbestand, eine Nation(alität) [sic] zu besitzen, ist kein inhärentes Attribut der Menschlichkeit, aber er hat diesen Anschein erworben", meint Gellner (in Hall 1994: 200). Die nationale Identität ist also nicht angeboren, wie es in

---

[42] Dass ‚Religion' und ‚Kultur' eng miteinander verzahnt sind, wurde bereits von Clifford Geertz im seinem Aufsatz „Religion As a Cultural System" diskutiert. In: Geertz, Clifford (1973): *The interpretation of Cultures*. Selected Essays. New York: Basic Books Classics, S. 87-125

russischen Personenstandsdokumenten im ,5. Register' festgeschrieben wird[43] oder wie es im Judentum üblich ist, von einer ,Vererbung' des Jüdischseins über die Mutter auszugehen. Eine Nationalität wird im „System kultureller Repräsentationen" (Hall 1994: 200) erworben, obwohl sie häufig ethnische Züge annimmt. Als symbolische Gemeinschaft erfordert sie freiwillige Partizipation an ihrer Idee. Die Zugehörigkeit zum jüdischen Volk wird zwar von den Ingroup-Mitgliedern als ,angeboren' und somit als ,unfreiwillig' dargestellt, wie z.b. von Ruslan, der sagt: „Das ist ja mein Erbe, das ich liebend gern abschütteln möchte, nur das geht nicht." (RUSLAN: 69). Dennoch ist die Mitgliedschaft im russisch-jüdischen Netzwerk freiwillig, da die meisten Outgroup-Vertreter sich (bewusst) gegen diese Gruppe entschieden haben.

Der ,vorgestellte' oder ,fiktive' Aspekt des Nationenbegriffs wurde in der Literatur vielfältig diskutiert. Benedict Anderson beschreibt mit seinem Konzept der ,imagined communities' Nationen als „imagined as both inherently limited and sovereign" (Anderson 1991: 6). Er führt aus, dass nationale Zusammengehörigkeit lediglich *vorgestellt* ist, weil die „Mitglieder selbst der kleinsten Nation die meisten anderen niemals kennen […] werden" (Anderson 1996: 15). Dennoch existiert in ihren Köpfen eine Vorstellung von Gemeinschaft und Brüderlichkeit, die „unabhängig von realer Ungleichheit und Ausbeutung, als ,kameradschaftlicher' Verbund von Gleichen verstanden wird" (ebd.: 17). *Begrenzt* ist diese Gemeinschaft, weil sie sich von anderen abgrenzen will und sich innerhalb dieser, wenn auch variabler Grenzen definiert. Die *Souveränität* der Nationen entspringt dem Traum „frei zu sein und dies unmittelbar – wenn auch unter Gott" (ebd.) und um jeden Preis, selbst wenn es Leben kostet. Diesen Wunsch versuchen die ,Communities' meist in Form eines souveränen Staates auszuleben. Der themenverwandte Fall Israels, seine Staatsgründung sowie der davon motivierte Nahostkonflikt, ist ein Beispiel für die Wichtigkeit der Staatlichkeit für eine Gruppe, die sich als Nation versteht. Die angestrebte Deckungsgleichheit von Staat und Nation manifestiert sie als Gemeinschaft,

---

[43] Juden wurden in den Ländern der ehemaligen Sowjetunion aufgrund ihres ,ethnischen Makels', wie man zu sagen pflegte, diskriminiert. So gennante *Nationalnostj* meint eigentlich Ethnizität und war (bzw. wird) in Russland im Personalausweis festgeschrieben. Hierbei galt das vorherrschende Konzept der Erblichkeit von einem der Elternteile. Demzufolge wurden auch Kinder jüdischer Väter und nichtjüdischer Mütter, entgegen der Halacha, als Juden betrachtet. Diese lebenslange Zuschreibung bot eine ideale Vorlage für die „Unterstellung von latenten biologischen Eigenschaften" (Hahn 2003: 30) und somit den Nährboden für Antisemitismus. Schließlich war die Eintragung im Personalausweis auch das entscheidende Merkmal für die Migration als jüdischer Kontingentflüchtling nach Deutschland.

auch wenn die Netzwerkmitglieder von zionistischen Ideen nicht geprägt sind.

5.1.1. Erzählung der Nationalkultur

Hall betont, dass „eine nationale Kultur ein *Diskurs* [sic]" (Hall 1994: 201) ist, der unsere Identitäten konstruiert. Auch wenn nur in der Vorstellung gelebt, produziert er Bedeutungen, die sowohl unser Handeln als auch unser Selbstverständnis beeinflussen. Doch „wie kommt eine solche Erzählung der Nationalkultur in der Vorstellung zustande" (ebd.: 202)? In seiner Antwort hebt Hall, in Anlehnung an Anderson und Renan, fünf Aspekte hervor. Zum einen vermittelt eine immer wieder reproduzierte *Erzählung der Nation*, ob in den Medien, in den Schulen oder im Alltag, ein Gefühl von Sicherheit und Bedeutung. Das Zugehörigkeitsgefühl zu einer größeren Gruppe bindet das vergleichsweise ‚kleine' Leben eines Einzelnen an das „nationale Schicksal, das schon vor uns existierte und uns überleben wird" (ebd.). Der zweite Punkt verbindet die Vorstellung von Ursprünglichkeit und Zeitlosigkeit der Nation mit einem Sicherheit stiftenden Gefühl von Kontinuität. Es wirkt, als ob das Wesen der Nation nicht hinterfragt werden kann, als ob sie schon seit Ewigkeiten existiert habe und unendlich existieren werde, ohne Zweifel daran zuzulassen. An dritter Stelle führt Hall die *Erfindung der Tradition* an, die als „Praktiken … [sic] ritueller und symbolischer Natur" (Hobsbawm und Ranger in Hall 1994: 203) eigentlich unveränderbar sind, weil sie alt und als Erbe vorheriger Generation verstanden werden. Dabei sind Traditionen meist noch jünger als Nationen, die als Produkte des späten 18. Jahrhunderts selbst älter scheinen als sie sind. Hieran schließt sich der vierte Aspekt der Erfindung einer nationalen Kultur: der *Gründungsmythos*. Es verwandelt die Geschichte der Entstehung der Nation in eine fabelhafte Erzählung mit ihren eigenen Helden. Eingeprägt im kollektiven Gedächtnis nährt sie das Zusammengehörigkeitsgefühl. Das fünfte Element ist die *„Idee eines reinen, ursprünglichen Volkes* [sic]" (Hall 1994: 203), das sich von Fremden immer distanzieren konnte und sich häufig mächtiger und bedeutender im Weltgeschehen darstellt, als es in Wirklichkeit jemals gewesen ist.

Der Vortrag ‚Was ist eine Nation?' von Ernest Renan (Sorbonne, 11.03.1882) ist eines der berühmtesten Versuche diesen Begriff zu deuten.

Eine Nation ist also eine große Solidargemeinschaft, getragen von dem Gefühl der Opfer, die man gebracht hat, und der Opfer, die man noch zu bringen gewillt ist. Sie setzt eine Vergangenheit voraus, aber trotzdem faßt [sic] sie sich in der Gegenwart in einem greifbaren Faktum zusammen: der Übereinkunft, dem deutlich ausgesprochenen Wunsch, das gemeinsame Leben fortzusetzen. (Renan 1882)

Renan führt aus: „Ja, das gemeinsame Leiden eint mehr als die Freude. Die nationalen Erinnerungen und die Trauer wiegen mehr als die Triumphe, denn sie erlegen Pflichten auf, sie gebieten gemeinschaftliche Anstrengungen" (ebd.) diese Verluste zu verkraften und mit der Tragödie im kollektiven Gedächtnis weiterzuleben. Im jüdischen Fall beginnt die gemeinsame Tragödie bei der Vertreibung aus dem Paradies, über die Zerstörung der Tempel und Vertreibung aus Judäa und aus Ägypten, später aus Spanien (Richtung Osten), bis hin zur Schoah und dem Nahost-Konflikt, die zeitlich näher liegen und daher auch für nicht traditionsbewusste Juden bedeutender sind. Diese und viele mehr sind identitätsstiftende Ereignisse im kollektiven jüdischen Gedächtnis. Ruslan sagt dazu: „Es ist ein sehr sehr hartes Los. Überlege einfach so in die Jahrhunderte zurück hier in Europa: Das ist eine Geschichte der Verfolgung, Hexenjagd durch die Jahrhunderte." (RUSLAN: 69).

Neben der schweren Erinnerungskultur stützt sich das Judentum auf die Vererbung der Zugehörigkeit, also auf das „Element des ‚Nicht-bewußt-Gewählten'" (Anderson 1996: 124). Hier steht das Konzept der Erblichkeit und der Natürlichkeit im Mittelpunkt. „Es gibt vermutlich keine einzige Kultur, jedenfalls aber keine im Bereich der europäischen Traditionen, die nicht vo[n diesem Konzept] [...] Gebrauch machen würde", sagt Alois Hahn (2003: 30). Auch Igor macht in seinem Interview diesen Aspekt deutlich: „Ich bin doch nicht Jude, weil ich eine Wahl hatte! Ich bin so geboren!" (IGOR: 106) „So kommt es, daß [sic] Nation-Sein der Hautfarbe, dem Geschlecht, der Herkunft und der Zeit, in der man geboren wird, nahe steht – all dem also, was nicht zu ändern ist." (Anderson 1996: 124).

5.1.2. Verbund von (Un)Gleichen

Auch Alois Hahn sieht die Hauptfunktion von Nationen in der Herstellung des Wir-Gefühls. Das ist wonach das de-zentrierte postmoderne Subjekt (nach Stuart Hall) strebt. Hahn beschreibt es folgendermaßen: „Die fiktive Einheit der nationalen Identität stiftet jenes kompensative ‚Wir', das die reale Steigerung der Differenz[44] gerade verwehrt" (Hahn 2003: 42). Dabei war die Vielfalt jüdischer Traditionen und Lebensweisen schon immer Teil der Geschichte. Natalia bringt diesen Aspekt in der Facebook-Diskussion über ‚jüdische Identität' zur Sprache: „Natürlich gibt es russische, marokkanische, bergjüdische, bucharische, französische, jäkische und so weiter jüdische Mentalitäten. Nicht alle haben ihre Einigkeiten, aber

---

[44] Mit den gesteigerten Differenzen sind „die neuen Formen segmentärer Identität" (Hahn 2003: 41) gemeint.

es gibt auch viele Gemeinsamkeiten. Und es ist auch gut so!" (NATALIA: 161) Dans Meinung nach ist es die Geschichte, die alle Juden, trotz ihrer Unterschiede verbindet: „Ruski-Muski-Jüdisch oder Deutsch-Jüdisch oder Marokkanisch-Jüdisch, ist egal. Die Geschichte ist dieselbe!" (DAN: 134) Deshalb findet er, dass es „eine Frage der Zeit [ist,] bis das irgendwann zum Problem wird, wenn es gemischt ist [in einer Beziehung]. [...] Man ist verschieden! [...] Und die Geschichte von einem Nicht-Juden ist einfach anders!" (ebd.)

Die Netzwerkmitglieder[45] identifizieren sich miteinander als ein ‚Verbund von Gleichen' – trotzt aller Ungleichheit. Auf einer höheren Ebene sehen sie sich der Gruppe aller ‚Juden' angehörig, also einer Nation, die auf eine alte Geschichte und lange Tradition zurückblicken kann, die sich kollektiv und intensiv an viele Opfer erinnert und die für ihre Souveränität gegenüber Antisemiten u.a. Feinden bis heute kämpfen muss. Die strukturellen, sozialen und identitätsstiftenden Zugkräfte zueinander sind offensichtlich deutlich stärker als Differenzen innerhalb des Netzwerks und der jüdischen Gemeinschaft, die bis heute die Gemeinden zu spalten drohen.

„Da die Konstruktion kollektiver Identität immer auch tatsächlich Vielfalt und Unterschiede übersehen muss, gelingt sie nur in Grenzfällen selbstverständlich und spontan: sie bedarf zumeist spezieller Anstrengungen, Verfahren und Begründungen" (Hahn 2003: 42). Fiktionen der Gemeinschaft „brauchen anschauliche Anhaltspunkte, an denen sie sich orientieren und die ihnen Plausibilität vermitteln" (ebd.). Solche Kriterien sind die in dieser Arbeit untersuchten Ein- und Ausgrenzungsprozesse. Diese müssen durch ständige performativer Arbeit verifiziert werden, denn auch vorgestellte Gemeinschaften bedürfen regelmäßiger Bestätigung.

> Die Aufgabe der Überzeugung und Begründung [der Zusammengehörigkeit] gelingt leichter, wenn die offensichtliche Vielfalt und die unleugbaren Grenzüberschreitungen als oberflächlich [sic], die verborgene Identität des Kollektivs hingegen als wesentlich [sic] dargestellt werden können. (Hahn 2003: 42)

Demzufolge werden unter den Netzwerkmitgliedern Klassenunterschiede, bestehende Differenzen im Habitus, in der Bildung, in der religiösen Einstellung usw. als zweitrangig betrachtet, wenn die eigentliche Zugehörigkeit zum ‚Wir' besteht.[46] Meron macht in seinem

---

[45] Offenbar nimmt sich Dan als solches wahr, auch wenn er die Differenzen mit der Mehrheit im russisch-jüdischen Netzwerk spürt.

[46] Selbst der potenzielle Kern des Judentums, die Religion, wird flexibel gehandhabt. Vladimir z.B. betont, dass man Judentum „ganz unterschiedlich" (VLADIMIR: 10) praktizieren kann. Für ihn, wie für viele Netzwerkmitglieder auch, ist es eine

Interview, in Bezug auf mich, deutlich, dass das ‚Wesentliche' uneingeschränkt gültig ist: „Du kannst nicht raus. Du kannst aus deinem Erbe nicht austreten. […] Du hast eine Flatrate. Du kannst kommen und gehen wann du willst." (MERON: 126)

Doch die „Gemeinsamkeit der ‚Abstammung' oder gar des ‚Blutes'" (Hahn 2003: 42) ist lediglich eine fiktive Schicksalsgemeinschaft, die einen hohen Preis der Exklusion hat. „Nationale Identität [und somit Identifikation durch Gruppenzugehörigkeit] lässt sich ohne ihr korrespondierende Definitionen von ‚fremd' nicht herstellen" (ebd.: 43). An dieser Stelle kommt die ausgrenzende Kehrseite des ‚Nationalismus' ins Spiel, wie z.B. Dennis in seinem Interview angesprochen hat:

> Früher war es für mich selbstverständlich und klar, dass sie, also meine Freundin, Jüdin wird. Das war SELBSTVERSTÄNDLICH. Als ich dieses Mädchen kennengelernt hab, hat sich die Beziehung ergeben und da hat es mich nicht gestört. Ich meine, ALLEIN aus DIESEM Grund die Beziehung zu verweigern, das ist DUMM und RASSISTISCH [grinst]. [Denkpause] Nicht rassistisch, du weißt was ich meine… NATIONALISTISCH. (DENNIS: 33f)

Und Wowa fand es „schon ziemlich nationalistisch" (WOWA: 38), dass seine nichtjüdischen, aber russischsprachen Freunde bei den Seminaren von JuBuK eigentlich nicht willkommen sind. Dennis findet, dass Juden sich womöglich mehr Intoleranz vorzuwerfen hätten als andere: „Juden sind ja auch sehr… nationalistisch manchmal – von Witzen bis keine Ahnung" (DENNIS: 33).

5.1.3. Selbstethnisierung

Anthony Smith, der die ‚Ethnic Origins of Nations' (1986) untersucht, sieht den Nationalismus als eine Ideologie und Bewegung der Moderne an (Smith in Yuval-Davis 2001: 33). Dennoch findet er, dass „die ‚moderne Nation' in der Realität mehrere Merkmale der vormodernen ‚Ethnie' beinhaltet und Grundlegendes einem allgemeinen Modell von Ethnizität verdankt" (ebd.). Floya Anthias versucht ebenfalls die Begriffe Ethnizität und Nationalismus zusammenzuschließen. Beides sind ‚vorgestellte' Gemeinschaften mit machtvollen Ein- und Ausgrenzungsmechanismen und eine potentielle Ressource für die jeweilige Gruppe. Anthias arbeitet heraus, dass „[e]thnische, ‚rassische' und nationale Gruppierungen […] von außen wie von innen konstituiert [werden] und erheben unterschiedlich – historisch, kulturell, biologisch, territorial – begründete Ansprüche auf

---

Religion, „die du auch für sich selbst so interpretieren kannst, wie du möchtest. Eigentlich ist der Glaube so." (ebd.).

Differenz und Identität" (Anthias 1992: 89). Diese Ansprüche sind nicht rein ideologisch, sondern zuzeiten politisch. Somit können sich ethnische Gruppen mit sozialem Wandel „als nationale, ‚rassische' oder religiöse Gruppierungen neu definieren" (ebd.). Im Falle der *dritten Generation* führten die durch Migration veränderten Umstände zu einer ‚Neuentdeckung' des Jüdischseins, also der ‚nationalen' bzw. ethnischen Zugehörigkeit.

Da die Kategorien ‚Nation' und ‚Ethnie' sich in ihren ursprünglichen, biologisierenden und abgrenzenden Eigenschaften überschneiden und beide fiktiver Natur sind, ist eine klare Trennung der Begriffe schwierig. Während Ethnizität sich „auf die Beziehung zwischen Kultur und Identität konzentriert" (ebd.: 93), wird Nation eher im Bezug auf Staatlichkeit und Souveränität gedacht. Auch die ‚jüdische Nation' beansprucht einen eigenen Staat. Dennoch blicken Juden auf eine lange Diaspora-Tradition zurück, und auf sich als Ethnie, unter Betonung der Vererbung der Zugehörigkeit an die Nachkommen. Das jüdische Nationalbewusstsein neigt zur Ambivalenz, da es bis heute ohne einen jüdischen Staat, der seinen Einwohnern und Einwanderern ein Gefühl von Sicherheit vermitteln kann, auskommen muss. Aus diesem Grund sowie aus der Stimmung in der ehem. Sowjetunion heraus, manifestierte sich unter Juden ein starkes ethnisches Selbstbewusstsein. Genährt wird es bis heute durch eine regelmäßige Betonung der biologisierten Differenz, der imaginierten (charakterlichen) Andersartigkeit und der Selbst-Abgrenzung als ‚Juden'.

Dennoch ist in Deutschland (Selbst-)Ethnisierung für jüdische Einwanderer kein Muss. Es ist für sie möglich an der Gesellschaft weitgehend uneingeschränkt teilzunehmen ohne ethnisiert zu werden. Dennoch sieht man gerade am Beispiel der Netzwerkmitglieder, dass sie verstärkt zur Selbstethnisierung tendieren (s. Schiffauer 2002: 47ff). Auch wenn man dadurch Gefahr läuft ausgegrenzt zu werden, nimmt man es in Kauf, um eine an ethnische Merkmale fixierte Gemeinschaft zu bilden. Alles Positive, das aus dieser Gruppenzugehörigkeit resultiert, begründet und manifestiert die ethnische Selbstwahrnehmung: „Ethnic social capital plays a major role in an individual's ability to gain access to resources […], which in turn give ethnicity substance and meaning." (Philips/Fischman 2006: 490) Hinzu kommt, dass Fremd- und Selbstbilder von Juden als ‚andersartig' zum kollektiven Repertoire europäischer Gesellschaften gehört und seit Generationen reproduziert wird. Die Netzwerkmitglieder „beginnen gar nicht erst nach der Suche nach unterschiedlichen Merkmalen [unter ‚ihresgleichen'], die sie bei den Deutschen so fündig werden lässt, eben weil sie nicht so wichtig für sie sind" (Schiffauer 2002: 56). Im Gegenteil könnten offensichtliche Gemeinsamkeiten mit ‚den Deutschen' und augenscheinliche Differenzen untereinander das Wir-Konzept ins Wanken bringen. Dieses wurde im Bezug auf mich besonders deutlich, v.a. beim Seminar in Köln wie auch im Interview mit Meron. Ironisch bringt er auf den Punkt, dass man russisch-jüdisch von Geburt an ist und es ein Leben lang bleibt, selbst wenn die ‚deutsche Mentalität' einem näher geworden ist.

> Da hast du schon immer behauptet, du wärst deutsch und lasst mich in Ruhe, ich bin eingedeutscht [...] Ihr könnt mit mir nichts anfangen. (MERON: 120)
> Du kannst es zwar abstreiten oder ablegen wollen, aber da kommst du nicht raus aus der Geschichte. Das leuchtet durch. [...] Du kannst nicht eine Kartoffel sein, nur weil du dich entscheidest eine Kartoffel zu sein. [lacht] (MERON: 121)

Schiffauer macht bei der Beschreibung eines Selbstethnisierungs-prozesses bei einer Jungengruppe[47] die folgende Prognose: „[W]enn sie ein ethnisch-kulturelles oder religiöses Deutungsangebot in diesem Selbstvergewisserungsprozess aufgreifen, wird die Opposition bald als selbstverständlich erscheinen. [...] Die Grenzen werden dann früher oder später [...] selbstverständlich" (2002: 57). Im Falle der Netzwerkmitglieder sind die Grenzen schon ‚natürlich' geworden.

5.2. ‚Wir' – ein Netzwerk

In vorangegangenen Kapiteln wurde bereits das sogenannte ‚Wir', also die vernetzte Ingroup, beschrieben. Sie wurde als Vertreter der *dritten Generation* von anderen Juden in Deutschland grob abgegrenzt und in einer kurzen Migrationsgeschichte russisch-jüdischer Kontingentflüchtlinge eingeordnet. Hier soll diese Geschichte mit Hilfe der Interviewpartner weiter erzählt werden. Es wird erörtert, was zur Entstehung des Netzwerks beigetragen hat, wie es sich konstruiert und aufrechterhält.

5.2.1. Doppelt fremd: Ausländer unter Deutschen. Russen unter Juden

Selbstverständlich gewordene Grenzen (s. Schiffauer 2002: 57) sind nicht nur Ergebnis einer Selbstabgrenzung sondern auch einer Ausgrenzungserfahrung, die meist einander bedingen. Nach der Migration nach Deutschland mussten sich russischsprachige Juden einem doppelten Fremdsein stellen: als Ausländer in Bezug auf die Mehrheitsgesellschaft

---

[47] Bei diesen Jugendlichen handelt es sich um Vertreter der dritten Generation von Migranten, bzw. um Kinder in Mischehen, die alle in Deutschland geboren sind. Demnach beschreibt dieses Beispiel eine andere Ausgangssituation, die jedoch auffällige Parallelen zeigt.

und als ‚Russen' unter ‚deutschen Juden'. Dieses Unterkapitel untersucht, welche Auswirkungen diese Umstände für die *dritte Generation* hatten.

Ausländer unter Deutschen

Die angesprochene Eingliederungsphase in Deutschland ist für die meisten Interviewpartner ausgesprochen fließend verlaufen; für einige war die erste Zeit schwieriger. Doch jede(r) von ihnen musste sich zwangsläufig mit der für sie neuen Rolle des ‚Ausländers' auseinandersetzen. Dennis, stellvertretend für die Mehrheit der Interviewten, ist sich seiner ‚Fremdheit' in Deutschland bewusst, erfährt aber bis heute keine direkte Diskriminierung: „Abgesehen von kleinen Fällen, wo eine komische Bäckerin so tut, als ob sie dich nicht versteht oder so. […] Ich wurde nie direkt angegriffen, weil ich Ausländer bin." (DENNIS: 28) Aussagen wie „Ausländer sind finanziell […] nicht so gut aufgestellt. Und dann ergibt sich das so, dass sie alle zusammenkommen da in diesen billigen Wohnheimen, die eigentlich nicht schlecht sind" (ebd.: 29) bestätigen, dass man als Migrant mit Einheimischen nicht gleichgestellt ist. Dennoch sind die Befragten mit den ihnen zur Verfügung stehenden (bzw. gestellten) Möglichkeiten zufrieden. Wie bereits beschrieben, bereut keiner der Befragten nach Deutschland immigriert zu sein und ist durchaus glücklich damit.

Ein Unbehagen gegenüber den Deutschen ist im Bezug auf den Nationalsozialismus bei keinem der Interviewpartner deutlich geworden, allerdings bei einigen Teilnehmern des JuBuK-Seminars in Köln. Auch scheint für die *dritte Generation* das heutige Verhältnis von Deutschen zu ihnen als Juden nicht problematisch zu sein. Zum einen ist dies, vor dem geschichtlichen Hintergrund, ein nach wie vor tabuisiertes Thema. Zum anderen hatten die Interviewpartner als Juden keine negativen Erfahrungen mit der deutschen Gesellschaft gemacht, wie z.B. am Arbeitsplatz. Dies trifft eher im Gegenteil zu: „In meiner Arbeit bei der Uni haben alle gewusst, dass ich Jüdin bin. Und sind prima damit umgegangen. Meine Chefin meinte: ‚Ah Juden, das sind eh die Besten'. [lächelt verlegen]" (TANJA: 20)

Nichtsdestotrotz sind Unterschiede zur Mehrheitsgesellschaft im Hinblick auf Sprache und Mentalität spürbar. Das Verhältnis ist vorurteilsbehaftet, was sich beim JuBuK-Seminar in einigen deutlich abwertenden Aussagen über Deutsche bemerkbar machte. Diese Differenzen sind störend und dennoch eine unumgängliche Folge der Migration. Deshalb werden sie in Kauf genommen und akzeptiert. Demnach pflegen viele nur begrenzt private Kontakte zu nicht russischsprachigen Nicht-Juden. Der reduzierte Kontakt und gewisse kulturspezifische

Kompetenzen, die bei einer Migration im Jugendalter leichter erworben werden können, ermöglichen jedoch ein hohes Grad an Angepasstheit und ein weitgehend reibungsloses Zusammenleben.

Russen unter Juden

Auch wenn das Jüdischsein bisher nie eine Rolle im Leben vieler Migranten spielte, ist eine unterschiedlich ausgeprägte Rückwendung zum Judentum, für manche bis hin zur Orthodoxie, naheliegend. In der neuen Situation war man ‚unter Fremden' und auf der Suche nach dem kleinsten gemeinsamen Nenner mit seinen Mitmenschen. Viele wendeten sich an jüdische Gemeinden, um Anschluss und soziale Unterstützung zu finden. Während die einen kulturellen oder religiösen Bezug zu den Wurzeln ihrer Vorfahren herstellen wollten, war das Jüdischsein für andere mehr eine Ressource. Dies und andere Gründe führten zu den bereits angesprochenen andauernden Konflikten in jüdischen Gemeinden Deutschlands.

Heute sind „unter dem Dach des Zentralrats der Juden […] 23 Landesverbände mit insgesamt 108 jüdischen Gemeinden und ihren ca. 105.000 Mitgliedern organisiert" (Zentralrat der Juden 2013a). Die Jüdische Gemeinde zu Berlin ist die größte in Deutschland neben München, Frankfurt und Düsseldorf. Sie „zählt heute über 10.000 Mitglieder und besteht zu zwei Dritteln aus Zuwanderern aus der ehemaligen Sowjetunion" (Jüdische Gemeinde zu Berlin 2013). Der rasante Zuwachs an Gemeindemitgliedern mit russischsprachigem Hintergrund, „insgesamt etwa 90 000 Menschen" (Belkin/Gross: 15)[48] wurde von deutsch-jüdischen Alteingesessenen als eine invasive Bedrohung empfunden (vgl. Vorträge Polian und Wolffsohn, 24. Ujd 25.07.2010). Die ‚Integration' von Ostjuden in die Gemeinden, die der ‚deutsche' Zentralrat zu einer seiner „größten Herausforderungen seit seiner Gründung 1950" (Zentralrat der Juden 2013b) erklärt, funktioniert nur bedingt. Terkessidis, der für Diversity statt Integration steht, zitiert im ähnlichen Zusammenhang Slavoj Zizek, der sagt, dass der „Respekt vor der Besonderheit des Anderen (…) [sich] eigentlich [als eine] Behauptung der eigenen Überlegenheit" (Zizek im Terkessidis 1999) versteht. Bisher begegnet man sich kaum, nur wenn man ‚muss'. Laut einer anonymen Umfrage in der Berliner Gemeinde, die Judith Kessler zitiert (vgl. 2010a: 95ff)[49], mag man einander auch nicht. Die

---

[48] Auf der Homepage des Zentralrats der Juden finden sich leicht abweichende Zahlen. Die hier verwendete Quelle ist der Ausstellungskatalog von Belkin und Gross, in dem sie sich auf Recherchen von Olaf Glöckner berufen (2010: 15).

[49] Diese sozialwissenschaftliche Umfrage „zum religiösen und kulturellen Selbstverständnis der Mitglieder sowie zur Beurteilung der Gemeinde und ihrer

„Deutschen" gelten bei den Zuwanderern als „ablehnend und hochnäsig" und die „Russen" wiederum als „keine echten Juden, undankbar" für die Einladung nach Deutschland und die soziale Unterstützung und zudem nicht willens sich anzupassen (vgl. Kessler 2010a: 95).

Diana Treiber bemängelt (ausgehend von Bodemann und Richarz), dass schon seit dem Neubeginn jüdischen Lebens nach dem Zweiten Weltkrieg

> innerhalb der Gemeinden – die bundesweit als Einheitsgemeinden gelten – [...] die Realität der Einwanderungsgemeinde ignoriert wurde. Jüdische Menschen unterschiedlicher Herkunft mußten sich auf gemeinsame Nenner einigen, so dass alternative Identitäten für ein jüdisches Leben der jüngeren Generationen und der Neuankömmlinge aus der ehemaligen Sowjetunion nicht beachtet wurden. Außerdem wurde kaum Verantwortung an junge Juden übergeben. (Treiber 1998: 2)

Das ist aus der Sicht vieler Interviewpartner heute noch so.

> Wenn du im Direktorium und im Präsidium vom Zentralrat der Juden in Deutschland schaust, da sind [überlegt kurz], ich glaub, gar keine Russen. Oder einen oder zwei. Also meistens eins. Und ziemlich gut integriert. Und das ist definitiv unterrepräsentiert. [...] [Das ist] weil die russischen Juden für viele noch nicht gut genug sind. Keine richtigen Juden. [...] Vielleicht weil wir nicht so gut beten können. Oder weil wir Russisch sprechen können. [...] Aber das macht sie nicht besser. Das haben sie bloß gelernt. Einfach. (IGOR: 100)

Die Spaltung in Einheitsgemeinden verschreckt gerade viele junge Menschen, die die Zukunft des deutschen Judentums bilden sollen. Dies hat eine steigende Zahl der Austritte wie auch die Entstehung von Parallelstrukturen, wie z.B. den JuBuK-Verein, zur Folge. Ljova fasst diese Entwicklung am eigenen Beispiel zusammen:

> Als ich nach Deutschland kam, gab es hier einen Rabbiner B. Er erklärte mir ganz schnell, dass ich kein Jude für ihn bin; dass ich sehr gerne der Gemeinde beitreten kann, weil ich rein halachisch jüdisch bin; dass ich die Steuern für die Gemeinde zahlen DARF; aber rein technisch für ihn als religiösen Mensch bin ich kein Jude. Ok. Als ich auf der Sozialhilfe war und wenig verdiente, hat es mich wenig interessiert. Früher oder später kam es zu Auseinandersetzungen. Damals gar es hier so eine aktive Truppe von denen, die bisschen früher angereist waren. Das hieß JONS – Jüdische Organisation Norddeutscher Studenten. [...] In der Gruppe, die es betrieben haben, waren sowohl die Kinder von Alteingesessenen als auch die Russen. Und die Gemeinde hat gesagt, sie werden das nicht unterstütztzen, weder mit Geld noch mit Infrastruktur, weil da nicht nur Juden sind, sondern Halbblütige, also nicht halachische usw. Und die Russen waren wie die Pest für die Alteingesessenen sowieso, das Thema ist bekannt. Also, als ich

---

Institutionen" wurde im Sommer 2002 in der Jüdischen Gemeinde zu Berlin durchgeführt. An ihr nahmen „426 Haushalte (das sind 7,1 Prozent der Mitgliederhaushalte) aus allen Alters- und Herkunftsgruppen" (haGalil onLine 2003) teil.

angefangen habe gut zu verdienen 2006, bin ich aus der jüdischen Gemeinde ausgetreten. (LJOVA: 53f)

Bei Veranstaltungen, die vom Zentralrat der Juden organisiert werden, sind nicht halachische sog. ‚Vaterjuden' ausgeschlossen. Dazu gibt es Kontrollmechanismen: „Du kannst dich nicht direkt anmelden. Das muss über die Gemeinde laufen." (IGOR: 101) Dagegen ist es bspw. bei JuBuK- oder BJSD-Aktivitäten, die u.a. von der Jewish Agency finanziert werden, „wurscht, [jüdischer] Großvater ist ok" (ebd.). Marianna erzählt von dieser Differenz aus der Perspektive ihrer Organisation – der Jewish Agency, einer pro-jüdischen und pro-israelischen NRO:

COMMUNITY is a different thing at all. Community is always always religious. And the community chooses its participants and members only by the Halacha. Two different things: organizations and the community. And this is – I won't tell you a war – but this is a confrontation to us what to do. (MARIANNA: 73)

BJSD, JuBuK und andere Organisationen, die sich an halachische Bedingungen nicht halten, haben demzufolge Schwierigkeiten Finanzierung vom Zentralrat und von Gemeinden zu bekommen. Doch für Igor, wie auch für Ljova (s.o.) ist klar, dass das eigentliche Problem für die Geldgeber der Zuzug von ‚Russen' ist:

Eigentlich sollte der Hauptsponsor theoretisch Zentralrat der Juden in Deutschland sein. Die haben das auch im Budget. Aber sie geben das Geld nicht raus. Sie wollen das nicht. […] Ich glaube, das hängt damit zusammen, dass sie einfach kein Geld dem BJSD geben wollen, solang der BJSD russischsprachige Vorstände hat. Weil das wurde früher finanziert und hat dann ziemlich plötzlich gestoppt, als der erste Vorstandsvorsitzende ein Russe war, also ein russischer Jude. (IGOR: 100)

Hierzu schreibt Bourdieu: „Bei der Beziehungsarbeit wird Zeit und Geld und damit, direkt oder indirekt, auch ökonomisches Kapital verausgabt" (1983: 193). Doch hier stehen sich unterschiedliche Interessen zweier Gruppen im Weg und die (finanziellen) Machthaber versuchen Kontrolle über ihre Gruppengrenzen auszuüben. „Jeder Neuzugang zu der Gruppe kann die Definition der Zugangskriterien in Gefahr bringen." (ebd.: 192f) Aus der Perspektive des Zentralrats ist seit 1990 die Gruppe der Kontingentflüchtlinge der Neuzugang, der tatsächlich die Definition der Zugangskriterien anpassen will.

Zum Teil entspringt das Problem dem Verständnis vom Judentum bzw. vom Jüdischsein und der Erwartung, dass ‚Integration' eine für die Aufnahmegruppe ‚schmerzfreie' Assimilation der Neuankömmlinge sein soll. Hinzu kommt, dass angesichts der überwältigenden ‚russischen' Mehrheit es in der Praxis nicht klar ist, wer sich in welche Gruppe ‚integrieren' soll. Vermutlich nehmen deshalb sowohl ‚deutsche' als auch ‚russische' Juden die Bemühung zusammenzukommen nicht wirklich ernst.

5.2.2. Entstehung des ‚Wir': drei Prozesse

Es wurde bereits darauf eingegangen, wie das jüdische ‚Wir' als Nation bzw. als Ethnie begründet ist. Im Folgenden wird konkreter die Entstehung des ‚Wir' im Netzwerk der *dritten Generation* betrachtet. Dazu werden die von Werner Schiffauer beschriebenen Prozesse, die zur „soziale[n] Konstruktion von Wirklichkeit" (Berger/Luckmann in Schiffauer 2008: 114) führen, im gegebenen Kontext herausgearbeitet.

Prozess I – gemeinsame Nische

Überall, wo eine Gruppe von Personen – mehr oder weniger von anderen abgesetzt – sich in einer gemeinsamen Situation befindet, wo sie eine gemeinsame Nische in der Gesellschaft bewohnen, wo sie einige gemeinsame Probleme haben und vielleicht eine Reihe von Feinden, dort entfaltet sich Kultur. (Hughes in Schiffauer 2008: 115)

Dies beschreibt den ersten von drei Prozessen. Die „Entfaltung gemeinsamer Normen, Werte und Deutungsmuster" (Schiffauer 2008: 115) passiert Hand in Hand mit der Entstehung eines gelebten Zusammengehörigkeitsgefühls, wie es bei den interviewten Mitgliedern des Netzwerks zu finden ist. Seit sie in Deutschland ankamen, sind sie „in einer gemeinsamen Situation", haben „gemeinsame Probleme" und „eine Reihe von Feinden", um es mit Hughes Worten zu sagen.

Dabei entspringt das Suchen und Finden einer „gemeinsamen Nische" (s.o. Zitat von Hughes) in erster Linie der gemeinsamen Migrationserfahrung. Ruslan erklärt, dass die „gemeinsame Vergangenheit; die Sachen, die wir zusammen durchgemacht haben; Integration in Deutschland; neue Sprache lernen; neue Berufe lernen … einen hohen Anspruch haben…" (RUSLAN: 67) starke verbindende Elemente sind. Die vorgefundenen Strukturen bestimmen die Regeln in der ‚gemeinsamen Situation' und damit verbundene ‚Probleme'. Neuankömmlinge sind gezwungen sich darauf einzulassen und müssen sich anpassen. In Bezug auf gemeinsame ‚Feinde' haben Migranten häufig mehr Handlungsfreiraum. Sie können sie bestimmen und sich bewusst distanzieren, also sich ein- und sie ausgrenzen.

Auch Jüdischsein, religiös und/oder kulturell, stiftet ein Zusammengehörigkeitsgefühl. Wowa beispielsweise, der in keiner jüdischen Gemeinde Mitglied ist und sich zurzeit sehr wenig mit jüdischer Religion und Kultur befasst, beschreibt es dennoch als eine länderübergreifende Gemeinsamkeit, die man sich zu Nutze machen kann. „Wenn man Leute aus verschiedenen Teilen der Welt trifft und man hat was GEMEINSAMES, weil es die Leute ÜBERALL gleich machen, das ist schon was, was verbindet." (WOWA: 39) Ruslan versucht gemeinsame jüdische ‚Normen und Werte' in Worte zu fassen:

Einander helfen; die ganzen Tugenden... Es ist eine ganze Liste. Ok. Dazu gehört eine ganze Menge HUMOR. Und das ist [überlegt] so eine Mischung aus Selbstironie, Ironie über dein Schicksal, über die Gesellschaft und so weiter. Es ist eine besondere Ironie. BILDUNG hat einen sehr hohen Stellenwert, DEFINITIV. Was noch? Wissenschaft, auf jeden Fall. Reisen um die Welt. Die meisten von uns sind durchaus sehr materiell angehaucht. Also wir sind kaum Idealisten. Also Geld gehört auch dazu. Ich will nicht sagen GeldGIER, aber durchaus. Zielstrebigkeit. Spießer sein... Deswegen, wie gesagt, man kann sich davon sehr schlecht trennen. (RUSLAN: 67)

Dabei kann das Jüdischsein in einer Kausalkette gesehen werden – einerseits als Begründung der „gemeinsamen Nische", andererseits als die sich daraus „entfaltende Kultur" (siehe Hughes in Schiffauer 2008: 115).

Prozess II – Streit um ‚Kultur'

Der zweite Prozess folgt bald auf den ersten und tritt ein, wenn die entstandene „Kultur ein Diskursfeld, eine Arena" (Schiffauer 2008: 116) wird. Die einen Mitglieder der Gruppe leiten, wie bereits angedeutet, aus den gemeinsamen Werten und Normen eine Überlegenheit ab, die anderen setzen sich damit kritisch auseinander. Dieser Aushandlungsprozess wurde insbesondere in der auf Dans Anzeige folgenden Facebook-Diskussion zum Thema ‚Integration' deutlich.

Viele russischsprachige Juden teilen die Meinung von Igor, dass sie aus der jüdischen Gemeindepolitik ausgegrenzt werden. Aber auch deutschsprachige Juden kamen zu Wort, bspw. Liraz, die sich als Israeli versteht. Genau wie Dan fühlt sie „sich hier in Deutschland in den Gemeinden und Veranstaltungen ausgegrenzt, nur weil sie kein Russisch spricht" (Leonard Yehuda: 163). Daraufhin folgte ein aufschlussreicher Meinungsaustausch:

АЛЕКСАНДЕР (165f): ich spreche Deutsch, ich achte deutsche Gesetze - ich bin integriert. Darüber hinaus kann ich es mir leisten писать на любом языке [russisch: in jeder Sprache schreiben] und bin nicht gezwungen, privat mit den Deutschen etwas gemein zu haben. [...] ist mein Recht, bin weder Deutschland noch Deutschen was schuldig... was ist an der deutschen Kultur so toll? Leitkultur?

LIRAZ (166): Wenn es hier nicht toll ist, wieso bist du dann hier?

АЛЕКСАНДЕР (167): hier gibt es Harz4, in Russland nicht.. auch das Klima ist besser als in Israel.. ich kann dort leben, wo ich es mir leisten kann.. und genau das versuche ich dir zu verdeutlichen.. keiner der Deutschen kann mir was sagen.. :) [...] wieso gehst du nicht nach Israel, als Israeli? ich bin in erster Linie Russe.. :)

Bemerkenswert ist, wie hier die Selbstidentifikation als ‚Russe' zu Tage kommt, wobei man sich nicht in einem ‚russischen', sondern in einem ‚jüdischen' Chat über die jüdische Gemeindelandschaft unterhält. Es ist fraglich wie weit diese Ansicht aus der Fremdzuschreibung von der deutschen Mehrheitsgesellschaft und von Juden der ersten Generation resultiert. Weiter scheint es eine Überschneidung in der Ablehnung von alteingesessenen ‚deutschen' Juden in den Gemeinden und den ‚Deutschen' allgemein zu geben, zumindest in der Denkweise von Александер (Aleksander). Man stört sich, wie bereits in den Interviews angedeutet, vor allem an den Versuchen der Gemeinden und der ‚Deutschen' Minderheiten, bzw. „andere zu erziehen" (170). Die zwei Fremdheitserfahrungen, als Ausländer und als russische Juden, überlappen sich und lösen eine Gegenreaktion, also Ablehnung, aus. Auch Liraz fällt dies auf:

LIRAZ (168): im Grunde geht es nicht um „die Deutschen" sondern darum, dass es für Nicht-russisch-sprachige schwer in der jüdischen Gemeinschaft in Deutschland ist.50 Denn wie ich vorher schon meinte, wird fast alles darauf angesetzt. Auf Machanot [Ferienlager] war es immer schwer, weil man in Gruppen stand, sich unterhielt und dann wurde einfach auf Russisch gesprochen. […]

LEONID (169): wenn du wirklich mit russisch sprechende Juden kommunizieren willst, lern Russisch und nimm auch DAN mit. Aber meine Rat an dich such lieber kontakte mit echten Deutschen und nicht hier mit uns, es bringt dir gar nix, ausser bisschen hier zu chaten aus der Langeweile...

HANA (169): dieser Kerl gehört nicht zu unserer Gemeinde, auch nicht zu unserem Studentenverband. Nur zur Info: die meisten hier verachten seine Denkweise. Sei unbesorgt und komm am 23.12 zu unserem Studenten-Kabbalat-Schabbat :)

LEONID (170): Und fühl dich wieder ausgegrenzt wie sonst immer...

Es bleibt offen, wie wohl sich Liraz bei der genannten Veranstaltung fühlen würde. Dies würde von der Konstellation der Gruppe, ihrer persönlichen Rolle darin und von anderen Faktoren abhängen. Doch auch Dans und andere Interviewaussagen deuten darauf hin, dass Leonid die Situation beschreibt, wie sie anscheinend häufig passiert. Weiter führt Hana ihre Gegenposition aus und bekräftigt, dass sie ihr unverständlich ist, weshalb in Deutschland geborene Juden „darunter leiden" (HANA: 170) sollen, weil

wir in Russland (Ukraine, Moldavien etc.) nicht so gut leben konnten, wie wir in Deutschland leben können. Deswegen sind wir ja alle hergezogen. Und da wir so viele sind, sollen die Juden, die hier geboren wurden, auch Russisch lernen oder sich aus den jüdischen Gemeinden zurückzuziehen, um uns nicht daran zu hindern, Russisch miteinander zu sprechen. (HANA: 170)

Es wird deutlich, dass russischsprachige Juden verschiedene Standpunkte zur deutschen Mehrheitsgesellschaft und zu deutschsprachigen Gemeindemitgliedern haben. Für manche verschmelzen alle Deutschsprachigen, ob jüdisch, Israelis oder andere, zu einer

---

[50] Konkrete Alternativen zu den bestehenden ‚Einheitsgemeinden' gibt es in Deutschland (noch) nicht.

undifferenzierten Kategorie, ganz nach dem ‚Outgroup Homogeneity Effect', das zur Überschätzung der Einheitlichkeit der Fremdgruppe führt (Werth/Mayer 2008: 406): ‚die Deutschen' – die Gegner. Nach einem Wechsel der Größenverhältnisse führte die Ausgrenzung der russisch-jüdischen Neuankömmlinge zur Ausgrenzung der Alteingesessenen. Dass Verallgemeinerungen nicht standhalten können, zeigt sich an der Vielfalt der Ansichten selbst in einem kurzen Diskussionsausschnitt. Dieser „symbolische Kampf" (Schiffauer 2008: 116), der dem zweiten Prozess zugeordnet ist, wird implizit wie auch explizit ausgetragen: entweder auf der individuellen Ebene, wie bei der bewussten Entfernung einiger Outgroup-Mitglieder vom jüdischen Leben, oder bei der direkten Konfrontation. In diesem Fall war Facebook die Arena für diese Debatte, die große Schatten auf viele jüdische Themenfelder wirft.

Doch auch wenn die *dritte Generation* sich als Gruppe nicht einer Meinung über ihre Position und ihre Rechte in Deutschland ist, spricht man von sich in Wir-Form. Dies bestätigt die Zusammengehörigkeit allen Widersprüchen zum Trotz. In diesem Zusammenhang führt Schiffauer den Begriff der Familienähnlichkeit von Ludwig Wittgenstein ein (2008: 118f). „Das Entscheidende ist, dass es fließende Übergänge zwischen diesen Positionen gibt. Solange dem so ist, stellt sich der Eindruck von Verwandtschaft her [...], oder anders gesagt, ein Gefühl ‚kultureller Identität'." (Schiffauer 2008: 119)

Prozess III – Gruppen zu- und gegeneinander

Der „dritte [...] Prozess bezieht sich auf das Verhältnis der Gruppen zueinander" (Schiffauer 2008: 116). Wenn „Klassenlage, ethnische Zugehörigkeit, Religion und kulturelle Traditionen in einer Gesellschaft in eins fallen [...], ist die Polarisierung zwischen den Gruppen vorprogrammiert." (Jansen 2006: 28) Die trifft auch auf die untersuchte Gruppe der *dritten Generation* zu. Zwei parallel verlaufende und auf den ersten Blick widersprüchliche Tendenzen sind dabei ausschlaggebend: Abgrenzung und Imitation. Eine Betonung der „Differenz (und in der Regel die vorgestellte Überlegenheit) zum Anderen" (Schiffauer 2008: 116) konstituiert die Grenzen. Gleichzeitig gibt es den „Wunsch, sich an anderen zu orientieren, sie zu imitieren und damit die Aspiration auf einen Status anzumelden" (ebd.). Ausgehend von Pierre Bourdieu geht es hier nicht allein um den ökonomischen Status, sondern um die Bezugnahme zu verschiedenen Gruppen der Mehrheitsgesellschaft und um den Anspruch einer bestimmten Position darin.

Werth und Mayer (2008) begründen mit kognitiven und motivationalen Ursachen die allen innewohnende „Tendenz, die Welt in Schubladen zu sortieren" (ebd.: 403), was zur „Vereinfachung der Informationsverarbeitung" (ebd.) dient. Die Einteilung in In- und Outgroup, wie sie bereits bei der Vorstellung der Protagonisten verwendet wurde, dient zur „Sicherung der sozialen Identität [und] der Erhöhung des Selbstwertgefühls" (ebd.). Auch wenn die Gruppenmitglieder nicht mehr miteinander teilen als die reine Vorstellung der Zusammengehörigkeit, genügt es, um sich als soziale Gruppe zu definieren (siehe Turner 1982: 15). Diese Kategorisierung ermöglicht es „uns bezüglich unserer Gruppe positiv zu fühlen" (ebd.: 405). Dabei gilt: „Ist die Eigengruppe positiv besetzt, identifizieren wir uns mehr, ist sie negativ besetzt, identifizieren wir uns weniger mit ihr. Eine zweite Möglichkeit [, der sog. Ingroup Favoritism,] ist, sich die Eigengruppe sozusagen ‚schön zu denken' bzw. ‚schön zu reden'" (ebd.: 405), nach dem Motto ‚Wir sind besser als die' (ebd.: 406). Hier kommt wieder die erwähnte Vorstellung der Überlegenheit ins Spiel. Das zieht „die Überschätzung der Einheitlichkeit der Fremdgruppe" (ebd.), den erwähnten ‚Outgroup Homogeneity Effect' nach sich. Unter bestimmten Umständen kann sich ein ‚Die sind alle gleich' in einen ‚Wir sind alle gleich' umkehren. Der ‚Ingroup Homogeneity Effect' heißt, „dass Mitglieder der Eigengruppe als ähnlicher wahrgenommen werden als Mitglieder der Fremdgruppe [...]. Dies tritt insbesondere in Minderheitsgruppen auf" (ebd.) und häufig auch bei den Interviewpartnern, wobei man ebenso dazu neigt die Anderen zu verallgemeinern.

Die beschriebenen Effekte zeigen sich an der vergleichenden Gegenüberstellung ‚Russen versus Deutsche' bzw. allgemein ‚Wir versus alle Anderen'. In persönlichen Gesprächen wurde deutlich, dass der Eindruck von Minderwertigkeit gegenüber der Mehrheitsgesellschaft sich bei manchen in ein Überlegenheitsgefühl verkehrt. Ljova sieht es so: „Ich fahre seit Jahren schon zu den Seminaren, nicht wegen der Menschen, die da berichten, nicht wegen der Redner, sondern wegen der Teilnehmer. Die Teilnehmer sind an sich schon überdurchschnittliche Persönlichkeiten, meistens." (LJOVA: 56) Und in der Facebook-Diskussion sagte ein russisch(sprachig)es Netzwerkmitglied: „Die ‚Russen' sind mittlerweile besser integriert als die Einheimischen! Wir haben bessere Ausbildung, bessere Arbeit und anderes Niveau." (АЛЕКСАНДЕР: 172) Dabei hatte man „verschiedene Startbedingungen, verstehst du? Derjenige, der hier aufgewachsen ist, der einer bestimmten Schicht von vornherein angehört hat: Akademiker, Nicht-Akademiker [...], mit denen kann ich mich nicht messen." (RUSLAN: 69) Diese Wahrnehmung der Ungleichheit ist angesichts des besonderen Ehrgeizes dieser Migrantengruppe bemerkenswert. Trotz jeglichen Mehraufwandes findet sich die große Mehrheit von ihnen in überdurchschnittlich guten beruflichen Positionen wieder (Haug 2007). In diesem Zusammenhang sagte Ruslan, dass „einen hohen Anspruch haben" (RUSLAN: 67), auch finanziell, eine typisch jüdische Eigenschaft ist. Ljova würde bei seiner Partnerin besonderen Wert „auf die Zielstrebigkeit, auf Verbesserungsdurst [legen]. So, dass man aus sich selber was im Leben machen möchte." (LJOVA: 56) Genauso ist es bei Dennis, der an seiner Freundin besonders den Drang nach „Weiterentwicklung [schätzt]. Grundsätzlich ist es auch warum ich mit diesem Menschen zusammen bin." (DENNIS: 35)

Diese Beispiele zeigen, dass die *dritte Generation* bestimmte Vorstellungen von ihrem Platz im Gesellschaftssystem hat und diesen verteidigt. Dabei muss sie natürlich mit allen Gruppen konkurrieren, sich an ihnen messen und sich von ihnen abgrenzen. Wirklich vergleichen wollen sich die Gruppenmitglieder allerdings nur untereinander – innerhalb des Netzwerks.

5.2.3. Netzwerk und Reziprozität

Social networks are important in all our lives, often for finding jobs, more often for finding a helping hand, companionship, or a shoulder to cry on.
(Fischer in Putnam 2000: 20)

Bevor die Funktion des Netzwerks für seine Mitglieder näher betrachtet wird, lohnt es sich einen Blick auf den Netzwerkbegriff zu werfen. „Nach Mitchell […] lassen sich soziale Netze durch eine ‚bestimmte Anzahl von Verknüpfungen innerhalb eines definierten Kreises von Personen beschreiben […]'." (Kardorff 1995: 402) „Spricht man vom Netzwerk statt vom Netz, ist eher auf den dauerhaften Charakter hingewiesen." (Pappi 1987: 12) Ursprünglich entstammt die Netzwerkforschung der Kulturanthropologie und findet seitdem immer mehr Anwendung in Psychologie, Betriebswirtschaftslehre, Informatik, Sozial- und Kommunikationswissenschaften. Ihr Gegenstand sind

in erster Linie die nicht durch Normen (Recht, Moral, Religion), Organisationen […] und Institutionen (Familie) vorgezeichneten formellen Beziehungen, sondern die verborgenen, quer dazu verlaufenden, freiwillig eingegangen informellen Austauschrelationen zwischen den Mitgliedern. (Kardorff 1995: 402f)

Netzwerke „strukturieren Prozesse des Informationsaustauschs, der wechselseitigen Hilfeleistung und der Mobilisierung von Ressourcen, sind aber auch verantwortlich für Diskriminierung, Ausschluß [sic] und soziale Kontrolle" (Kardorff 1995: 403). Weil die Interviews zeigen, dass diese

Aufgaben von der untersuchten russisch-jüdischen Gruppe eindeutig erfüllt werden, passt der Netzwerkbegriff gut zu ihrer Bezeichnung.[51]

Informelle Netzwerkbeziehungen an sich haben kein Ziel, jedoch eine Funktion: Es werden „Ressourcen ausgetauscht, Informationen übertragen, Einfluß [sic] und Autorität ausgeübt, Unterstützung mobilisiert, Koalitionen gebildet, Aktivitäten koordiniert, Vertrauen aufgebaut und durch Gemeinsamkeiten Sentiments gestiftet" (Kardorff 1995: 403). Dabei spielt das Reziprozitätsprinzip eine tragende Rolle, weil es den „Kern einer Vielzahl von Beziehungen" (Stegbauer 2002: 14) ausmacht. Bereits von Marcel Mauss wurde dieses grundlegende Prinzip der Gegenseitigkeit, das auf Gabe und Gegengabe basiert, beschrieben. Auch Robert Putnam hat das ‚Law of Reciprocity' untersucht. Er schreibt, dass Netzwerke durch gegenseitige ‚Verpflichtungen' verbunden sind: „I will do this for you if you do that for me" (Putnam 2000: 20). Das wäre die „direkte ‚echte' Form" der Reziprozität, wie Stegbauer (2002: 31) sie nennt. Wertvoller ist allerdings die generalisierte Reziprozität, nach dem Prinzip: „I will do this for you without expecting anything specific back from you, in the confident expectation that someone else will do something for me down the road" (Putnam 2000: 21). Obwohl beide Reziprozitätsarten sich überlappen, ist die generalisierte Form der Gegenseitigkeit im untersuchten Netzwerk besonders ausgeprägt. Vermutlich wäre sie anders unter deutschlandweit verstreuten Mitgliedern nicht realisierbar. Merons Reaktion auf meine Aussage „Wenn du mir hilfst, dann helfe ich dir natürlich auch!" (I: 126) verdeutlicht es:

Oh nein, das ist die falsche Ansicht. Das ist die deutsche Formulierung. Du würdest mir auch helfen, ohne dass ich dir vorher geholfen hätte, also glaube ich, so schätze ich dich ein. [...] Dieses Zählen, du hast mir einmal geholfen, jetzt helfe ich dir im Gegenzug – DAS ist das Deutsche. [...] Das zählt man nicht unter gewissen Leuten! Man muss nicht unbedingt sehr eng befreundet sein. [...] Heute habe ich dir geholfen, morgen hilfst du jemand anderem. (MERON: 126)

Auffällig ist hier wiederum die Unterstellung der Gemeinsamkeit mit mir, die als passives ‚Netzwerkmitglied' wahrgenommen wird. Wenn man zu den „gewissen Leuten gehört", muss man nicht mal in regelmäßigem Kontakt sein, um auf gegenseitige Hilfe zu zählen. Zudem wird ein

---

[51] Wie bereits angekündigt, ist eine klassische Netzwerkanalyse nicht Gegenstand dieser Arbeit. Eine grafische Matrix, ein Soziogramm oder eine spezifische Untersuchung der Beziehungskonstellation der sich innerhalb der *dritten Generation* gebildeten Gruppe versprechen nicht die Erkenntnisse über ihre (unterschwelligen) Ein- und Ausgrenzungsprozesse. Auch war eine Netzwerkforschung nicht Ziel der durchgeführten Studie.

Ausgrenzungsmechanismus deutlich: die automatische Zuschreibung des negativen Attributs zu der abgelehnten Gruppe der ‚Deutschen‘.

In seinem Aufsatz über ‚Freundschaft aus netzwerktheoretischer Perspektive‘ (2008) kritisiert Stegbauer wiederum Mark Granovetters Unterscheidung zwischen ‚strong‘ und ‚weak‘ ties, die die „Beziehung auf ein Merkmal, nämlich die Stärke" (Stegbauer 2008: 109) reduzieren. „[T]he strength of a tie is a (probably linear) combination of the amount of time, the emotional intensity, the intimacy (mutual confiding), and the reciprocal services which characterize the tie." (Granovetter 1973: 1361) Demzufolge sind mit ‚strong ties‘ enge, direkte und balancierte Beziehungen gemeint, während ‚weak ties‘ lose Bekanntschaft oder Beziehungen über Dritte beschreiben. Granovetter hat festgestellt, dass

> die engen Freunde deswegen nicht besonders hilfreich [in seinem Fall bei der Arbeitssuche] sein konnten, weil sie weitgehend über dieselben Informationen verfügen, wie der Informationsbedürftige selbst und die anderen Mitglieder im Freundeskreis. Personen dagegen, mit denen man nur schwache Beziehungen pflegt, die man nur gelegentlich sieht, verfügen über Informationen, die außerhalb der Reichweite der eigentlichen Bezugsgruppe liegen. (in Stegbauer 2008: 106)

Trotz der Kritik am bipolaren Konzept von Granovetter, trifft seine Behauptung auch auf das untersuchte Netzwerk zu, das von ‚weak ties‘ profiliert ist. Aufgrund der kleinen Größe des Netzwerks sind diese Beziehungen allerdings nicht wirklich lose. Viele Mitglieder verbinden unterschiedlich enge Freundschaften. Dieser Aspekt findet Anschluss in Stegbauers Kritik, der findet, dass Beziehungen zu komplex sind, um eindimensional auf einer Skala betrachtet zu werden. Hinzu kommen „Asymmetrien in Beziehungen" (ebd.: 108), die den Regeln der Balancierung[52] widersprechen. Es mag „oft oder für einen bestimmten Zeitabschnitt zutreffen, dass die Beziehung weitgehend reziprok [...] gedeutet wird, aber eine Vielzahl von Beziehungen sind asymmetrisch" (ebd.: 108). Das beste Beispiel dafür die Merons Aussage (s.o.), der seine Hilfe zur Verfügung stellt, ohne etwas dafür zu erwarten, nicht mal enge Freundschaft. Schließlich stellt Stegbauer die Hypothese auf, dass generell „der Typ der Freundschaftsbeziehungen einem Wandel unterliegt" (ebd.: 106). Seiner Überlegung nach steigt die Anzahl der ‚weak ties‘ im Verhältnis zu den ‚strong ties‘, was eng mit der zunehmenden Bedeutung der Online-Kommunikation zusammenhängt.

---

[52] „Die vier Regeln sind: 1. Der Freund deines Freundes ist dein Feind. 2. Der Feind deines Freundes ist dein Feind. 3. Der Freund deines Feindes ist dein Feind. 4. Der Feind deines Feindes ist dein Freund." (Stegbauer 2008: 108)

Demzufolge liegt das russisch-jüdische Netzwerk der *dritten Generation* absolut im Trend der Zeit. Entsprechend McLuhans ‚global village'-Idee hat es Eigenschaften eines deutschlandweiten ‚Dorfes' entwickelt, wo jeder jeden kennt (siehe RUSLAN: 68) und das von Reziprozitätsbeziehungen bzw. vom Sozialkapital zusammengehalten wird.

5.2.4. Soziales Kapital

Im Bourdieuschen Sinne geht es bei zwischenmenschlichen Beziehungen um Bildung und Umverteilung des Kapitals im sozialen Raum. „Unter ‚Kapital' ist dabei nicht nur […] das ökonomische Kapital zu verstehen, sondern auch das kulturelle Kapital von Bildung und Titeln, das soziale Kapital von guten Beziehungen und Netzwerken sowie schließlich das symbolische Kapital von Prestige, Ehre und Anerkennung." (ebd.: 59f) Für die *dritte Generation* ist verfügbares ökonomisches Kapital beispielsweise die Finanzierung eines Wochenendseminars. „Das ist kostenloses Reisen, oder günstiges Reisen – Logieren – für mich und meine Freunde, oder für die entsprechende Gesellschaft, in der ich mich wohl fühle", gibt Meron bedenkenlos zu (115). Die „entsprechende Gesellschaft" (ebd.) bildet das besprochene Netzwerk, mit dem er das soziale Kapital teilt. Zudem verbindet sie gemeinsames kulturelles Kapital, also die durch ihre Familien und Erziehung vermittelte Bildung, mit anderen Worten ihr ‚Niveau', wie Meron es bezeichnet hat. Durch den gemeinsamen Hintergrund kann auch das symbolische Kapital innerhalb der Gruppe an Bedeutung gewinnen. Auch wenn alle Kapitalarten im Bezug zueinander stehen, ist das soziale Kapital das zentrale Element der Netzwerkfunktionen. Pierre Bourdieu definiert es als

die Gesamtheit der aktuellen und potentiellen Ressourcen, die mit dem Besitz eines dauerhaften Netzes von mehr oder weniger institutionalisierten Beziehungen [sic] gegenseitigen Kennens und Anerkennens verbunden sind; oder, anders ausgedrückt, es handelt sich um Ressourcen, die auf der Zugehörigkeit [sic] zu einer Gruppe beruhen. (Bourdieu 1983: 190f)

Die „Ausdehnung des Netzes von Beziehungen" (Bourdieu 1983: 191) korreliert mit dem Umfang des Sozialkapitals.[53] Einerseits haben wir es hier mit einem breit gestreuten deutschlandweiten Netzwerk zu tun, wie Igor veranschaulicht: „Wenn ich zum Beispiel zu einem großen Seminar fahre, dann treffe ich meine Freunde aus Hamburg, aus Berlin, aus München, aus Frankfurt, aus Düsseldorf, aus Köln, aus Stuttgart..." (IGOR: 103).

---

[53] Für die Größe des Sozialkapitals ist allerdings der Umfang aller Kapitalarten (ökonomisch, kulturell, sozial und symbolisch), beigesteuert von allen Mitgliedern, entscheidend.

Andererseits gibt es aufgrund der klar gezogenen Grenzen kaum Neuzugang, was insbesondere für die PartnerInnensuche ungünstig ist, wie Ruslan berichtet: „Das ist eine geschlossene Gemeinschaft, wo JEDER schon Mal mit jedem zusammen war, jeder kennt jeden…" (RUSLAN: 68). Robert D. Putnam arbeitet die Unterscheidung zwischen „*bridging* [sic] (or inclusive) and *bonding* [sic] (or exclusive) […] social capital" (2000: 22) heraus. Exklusive Sozialkapitalformen sind nach Innen gewandt (bonding) und bestärken intern Identitäten und homogene Gruppen, wie z.b. ethnische Organisationen oder elitäre Clubs. Andere Netzwerkformen sind dagegen nach außen gerichtet (bridging) und haben eine überbrückende Funktion, wie bspw. das Civil Rights Movement oder ökumenische Gemeinden. Das hier behandelte Netzwerk russisch(sprachig)er Juden in Deutschland ist inklusiver Art. „Bonding social capital is good for undergirding specific reciprocity and mobilizing solidarity. Dense networks in ethnic enclaves, for example, provide crucial social and psychological support for less fortunate members of the community." (ebd.) Da das ‚verbindende' Sozialkapital wie eine Art „sociological superglue" (ebd.: 23) fungiert, kann es durch die Herstellung starker Ingroup-Loyalität auch starken Outgroup-Antagonismus hervorvorrufen (ebd.).

5.2.5. Sicherheit als Ressource

Ressourcen sind (für manche unterbewusst) Ziel und Zweck des Netzwerks. Ein hilfsbereiter Freundeskreis, mit dem man sich auf Augenhöhe messen kann; diverse Reisen und Freizeitangebote mit Gleichgesinnten; eine definierte ‚Identität' und vor allen das Gefühl von Sicherheit, Anerkennung und Verständnis – das alles ergibt sich aus der Zugehörigkeit zum beschriebenen Netzwerk und begründet ihn gleichzeitig.

Dabei dient „[d]as Gesamtkapital, das die einzelnen Gruppenmitglieder besitzen, […] ihnen allen gemeinsam als Sicherheit" (Bourdieu 1983: 191). Sicherheit ist eine besonders gefragte Ressource, vor allem für Migranten mit konkreten Aufstiegsbestrebungen und in einem konkurrenzbetonten Umfeld. Außerdem ist es genau das, was den meisten Netzwerkmitgliedern in der ehemaligen Sowjetunion fehlte. Vladimirs Familie, stellvertretend für die meisten Interviewpartner, kam nach Deutschland, „weil es irgendwie in Russland alles sehr CHAOTISCH ist. Und meine Mutter zum Beispiel wollte immer, dass es mehr RUHE gibt, SICHERHEIT…" (VLADIMIR: 9) Wie schon gesagt, lässt sich zudem eine ausgeprägte nationale bzw. ethnische Identifikation auf ein Bedürfnis nach mehr Sicherheit im Sinne von Zugehörigkeit zurückführen. Mit Blick auf jüdische kollektive Traumata, von Holocaust bis hin zum Mangel an Sicherheit im heutigen Israel, decken sich weitere Motive auf, weshalb diese Netzwerkressource herausragend wichtig für die *dritte Generation* ist. In Deutschland wird das Empfinden von Sicherheit einerseits durch ein funktionierendes Rechtssystem und ein stattlich-soziales Auffangnetz vermittelt, das in der ehem. Sowjetunion zusammengebrochen war. Auch wird ein Sicherheitsgefühl durch das Bewusstsein gestiftet, einen Rückhalt durch soziale Beziehungen und durch konkrete Unterstützung in allen Lebensbereichen zu haben – beides im Netzwerk zu finden.

Ob mit materieller Hilfe (z.B. Stipendien von jüdischen Organisationen, Vermittlung von Mietwohnungen) oder durch Ratschläge und Informationen (z.B. bei Amtsangelegenheiten, frei werdenden Arbeitsstellen, etc.) stehen sie einander zur Verfügung. In Interviews wurde deutlich, dass das Netzwerk, in Anlehnung an Benedict Anderson (1991), Züge einer ‚imagined community' hat, aber dennoch, wie Bourdieu es beschreibt, ‚quasi-real' existiert. Ingroup-Mitglieder können sich darauf verlassen, dass sie bspw. durch einen Post in der JuBuK-Facebook-Gruppe oder durch einen Anruf bei einer zentralen Netzwerkfigur ein ganzes Beziehungsgefüge in Gang setzen können, um so Unterstützung zu bekommen. Über die Vorteile der Mitgliedschaft musste Igor länger nachdenken und stellte schließlich eine negative Veränderung zu früher fest:

> Vielleicht der Vorteil, wenn man viele Freunde hat, dass jemand dir helfen kann. Aber auch in gewissen Grenzen, weil alle sind schon erwachsen – viele haben Familie, viele haben Kinder. Du kannst nicht sagen „Komm aus Nürnberg nach Stuttgart und hilf mir". Vielleicht können sie eine Hilfe bei der Arbeitssuche sein. Aber da musst du auch wirklich in der Branche tätig sein. (IGOR: 107)

Allerdings sind diese Vorteile, trotz generalisierter Reziprozität, als „Tauschbeziehungen" (Bourdieu 1983: 191) zu betrachten und somit nur für Angehörige des Netzwerks verfügbar. Das bestärkt das Zusammengehörigkeitsgefühl sowie die Ausgrenzung von Fremden.

5.2.6. Solidarität und Konkurrenz

„Die Profite, die sich aus der Zugehörigkeit zu einer Gruppe ergeben, sind zugleich Grundlage für die Solidarität, die diese Profite ermöglicht." (Bourdieu 1983: 192) Auch Marianna erwähnte das: "If you come to a seminar, you see that we have a strong feeling of community." (MARIANNA: 71) In Zusammenhang damit kommt Bourdieu auf „nationale Emanzipationsbewegungen und nationalistische Ideologien" (1983: 192) zu sprechen, die nicht allein von ökonomischen Profiten motiviert sein können. Die ganz realen und unmittelbaren Ressourcen oder Profite „sind umso größer, je weiter unten man sich in der Hierarchie befindet" (ebd.). Auch wenn die Familien der Kontingentflüchtlinge ihre wirtschaftliche Situation durch die Migration verbessern konnten, waren sie – durch fehlende Sprachkenntnisse, den Mangel des in Deutschland anerkannten kulturellen Kapitals und des entsprechenden Habitus – sozial abgestiegen. Daher ist man mit Gleichgesinnten, die den eigentlichen ‚russischen' Status dekodieren und anerkennen können, schnell solidarisch. Hinzu kommt, dass das Aufeinander-angewiesen-Sein zusammenschweißt.

Dorothea Jansen arbeitet in ihrer ‚Einführung in die Netzwerkanalyse' heraus, dass es trotz jeder Solidarität auch „Wettbewerb und Konkurrenz in Netzwerken […] nicht nur im Sinne des Gegeneinanderspielens, sondern auch im Sinne der Mehr-Habens und Mehr-Seins" (2006: 30) gibt. Es wurde schon erwähnt, dass die Netzwerkmitglieder sich zwar in Bezug zu anderen Gruppen setzen, sich aber lieber miteinander vergleichen. Ruslan berichtet, dass er zu den Seminaren fährt, um

> ein bisschen Schwänzchen [zu] messen... […] Wenn ich Leute sehe, die ungefähr in derselben Zeit nach Deutschland gekommen sind und ungefähr den gleichen Weg gemacht haben wie ich […]. ‚Man, hab ich viel erreicht im Vergleich mit dem, dem und dem, ABER noch nicht so viel wie der, der und der.' (lächelt) (RUSLAN: 68)

„Der Besitz von hochbewerteten knappen Ressourcen führt zu typischen asymmetrischen Beziehungsmustern" (Jansen 2006: 30) und schlägt sich in der Bedeutung des ‚Status' oder ‚Prestige' der Netzwerkmitglieder nieder. Aus der Sicht der interviewten Männer, die sich eine russischsprachige jüdische Partnerin aus den Netzwerkkreisen wünschen, sind solche Frauen eine ‚knappe Ressource'. Deshalb haben die Interviewpartner sehr deutlich betont, dass sie viele Frauen aus dem Netzwerk hatten und „mächtig in dem Club mitgemacht" (RUSLAN: 68) haben.

Aus meiner Erfahrung beim Seminar in Köln wie auch aus den Facebook-Unterhaltungen konnte man, ausgehend von Bourdieu, die „weihevolle Atmosphäre [im Beziehungsnetz, die] […] durch ständigen Austausch (von Worten, Geschenken, Frauen usw.) reproduziert" (1983: 192) wird, beobachten. Neben Anekdoten und Allgemeinwissen (also ‚Worten') sowie Freundschaftsdiensten (‚Geschenken'), mit denen man sich gegenseitig beeindrucken möchte, werden untereinander auch Frauen – im übertragenen Sinne – ‚ausgetauscht'. Ruslan und Ljova berichtet davon:

> Auf dem letzten Seminar waren zwei Bekannte von mir und zwei Ex-Frauen von den beiden. Und eine davon mit dem neuen Freund. Und die andere HAT einen neuen Freund gefunden bei diesem Seminar. Und beide sind Muttis, die eine schon zweifach. […] [Ein anderes Beispiel:] Zwei Jungs treffen sich an einem Tisch, letztes Mal... und erzählen über das Leben mit demselben Mädel in DERSELBEN WOHNUNG – DIREKT hintereinander. In dieser Hinsicht ist unsere Society ein Puff. (RUSLAN: 68)

> Nicht das Problem, sondern dein Glück ist nicht nur, dass alle kennen alle, sondern alle haben schon mit denen geschlafen, mit denen sie wollten. Dann kann man freundlicherweise fragen: „Du, Alex. Sag mal, hast du da…?" „Jaaa,, wir haben ein Jahr

zusammen gelebt." Man wird nicht neidisch, man tauscht solche Informationen aus. (LJOVA: 59)

Man möchte meinen, dass die Figuren mit dem meisten Sozialkapital ‚im Zentrum' des Netzwerks bessere Chancen auf ‚knappe Ressourcen' hätten, in dem Fall also auf Frauen. Dennoch konnte bspw. Meron diesbezüglich von seinem Vorsitz im BJSD nicht profitieren: „Ich und IGOR, wir kennen die meisten Leute in ganz Deutschland. Und können uns trotzdem nicht vernünftige Ehepartnerinnen finden, obwohl wir alle kennen." (MERON: 116)

Die Wahl zum Ältesten bzw. zum Vorsitzenden macht einen zum Vertreter und Knotenpunkt des Netzwerks. „Akteure auf dem oberen Ende [...] [der] Rangskala sind dann gut geeignet, um innerhalb von Teilnetzwerken Aufgaben der Koordinierung und Sanktionierung vorzunehmen." (Jansen 2006: 30) In diesem Fall gibt es einige Schlüsselfiguren, wie die Begründer des JuBuK-Vereins, die Vertreter der Jewish Agency for Israel, z.B. Marianna, und der Vorstand des Bundesverbandes Jüdischer Studenten in Deutschland, so wie zurzeit Meron und vor ihm Igor.

Ich war „Il Presidente Grande" [grinst ironisch]. [...] Ich war einfach bei den Wahlen vom BJSD gewesen und niemand wollte für den Vorsitz kandidieren, weil es so eine Scheißarbeit war. Das habe ich nicht gewusst, weil ich da ganz neu war. Und jemand hat mir gesagt: ‚Ja, kandidiere. Das macht nichts. Nächstes Jahr gibt es Wiederwahlen, dann kannst du abtreten. [...]' So bin ich Vorsitzender geworden. Und weil ich es geworden bin, wurden an mich automatisch die Ansprüche gestellt. [...] Und so habe ich angefangen was zu organisieren. (IGOR: 98)

Die Willkür und die Unerwünschtheit dieser Position weißen darauf hin, dass das die Macht der Vorsitzenden rein symbolisch ist und keine konkreten Profite mit sich bringt. Sie verschafft dem ‚Auserwählten' Aufmerksamkeit, die allerdings mit Erwartungen und viel ehrenamtlicher Arbeit verbunden ist. Deshalb sind die Hierarchien im Netzwerk existent und auch notwendig, aber dennoch leicht passierbar.

5.2.7. Institutionalisierung und Kommunikation

Eine Vielzahl von Institutionalisierungsakten, wie Bourdieu sie bezeichnet (Bourdieu 1983: 191), prägt und informiert die Gruppe „über das Vorliegen eines Sozialkapitalverhältnisses" (ebd.). Solche Institutionalisierungen passieren u.a. durch ‚identitätsstiftende' Klassifizierungen und Benennungen. Das ‚Wir' bekommt einen Namen, wie beispielsweise der Verein JuBuK – Jüdische Kultur und Bildung e.V. Auch die Wahl eines Ältesten ‚im Zentrum' des Netzwerks ist ein solcher Institutionalisierungsritus. Sie ermöglichen dem Netzwerk am sozialen

System der Mehrheitsgesellschaft zu partizipieren, z.B. als ‚eingetragener Verein'. Das Sozialkapital „nimmt dadurch eine quasi-reale Existenz an, die durch Austauschbeziehungen am Leben erhalten und verstärkt wird" (ebd.). „Gegenseitiges Kennen und Anerkennen ist zugleich Voraussetzung und Ergebnis dieses Austausches." (ebd.: 192) Deshalb wird das Netzwerk als ein großer natürlicher Freundeskreis wahrgenommen, der ‚zufällig' jüdisch, russischsprachig und in ganz Deutschland verstreut ist.

Diese Beziehungen mögen vom ‚soziologischen Superkleber', wie Putnam (2000:23) das Sozialkapital bezeichnet, stark zusammengehalten werden, aber nicht ewig, wenn man ihn nicht erneuert, diskursiv und performativ reproduziert. Grundsätzlich ist die „Existenz eines Beziehungsnetzes [...] weder eine natürliche noch eine soziale ‚Gegebenheit', die [...] ein für allemal fortbesteht" (Bourdieu 1983: 192). Das Netzwerk bedarf einer andauernden Grenzziehung und -bestätigung; also mit Bourdieus Worten – einer fortlaufenden Institutionalisierungsarbeit, die man leistet, wenn man sich in das Netzwerk einbringt. Das ist möglich wenn man z.b. darin kommuniziert (, so wie Dan,) und die Mitgliedervoraussetzungen erfüllt (, die er nicht erfüllt).

Russisch-jüdische Facebook-Gruppen bieten Raum für den Einsatz und Austausch vom sozialen Kapital und somit für die Institutionalisierungsarbeit. Die wichtigsten Gruppen für das Netzwerk sind ‚JuBuK' (Jüdische Bildung und Kultur e.V.) mit über 1000 Mitgliedern sowie ‚BJSD'[54] (Bundesverband Jüdischer Studierender in Deutschland) mit über 1200 Mitgliedern. Die meisten Netzwerkmitglieder sind in beiden dieser Gruppen vertreten, wobei nur ein Bruchteil – ca. 300 Personen – im Netzwerk aktiv sind. Als Hauptschlagadern der Kommunikation werden sie genutzt, um für kommende Veranstaltungen zu werben und um sich gegenseitig über aktuelle russische und/oder jüdische Diskurse in der Welt auf dem Laufenden zu halten. Natürlich funktioniert Facebook auch wie ein ‚Marktplatz' für Kleinanzeigen und nicht zuletzt als eine ‚Aussichtspltform'. Vom heimischen Sofa aus kann man sich bequem über andere ‚im Online-Dorf' informieren, sich selbst präsentieren und auch auf ‚Brautschau' gehen. Igor erklärt wie: „Bei Facebook ist es dann kein Problem: du gehst einfach die Liste [der BJSD-Gruppe] durch, schaust dir die Mädels an, schreibst sie an." (IGOR: 110) Demnach ist Dans Suchmethode offensichtlich nicht so außergewöhnlich gewesen, wenn auch offensiver als üblich. Die heftige Reaktion auf sein Gesuch zeigte jedoch, mit welcher Ernsthaftigkeit der Facebook-Austausch verbunden ist.

---

[54] Igors Aussage nach ist BJSD die größte jüdische Gruppe in Deutschland und die zweitgrößte jüdische Studentengruppe in Europa.

Doch Facebook allein wäre nichts, ohne die Reallive-Begegnungen bei Seminaren und Partys vor Ort. Dort wird das Netzwerk intensiv gestärkt, die Grenzen werden verdeutlicht, das Selbstverständnis und das Zusammengehörigkeitsgefühl genährt. Marianna, die die Jewish Agency for Israel vertritt und das erwähnte Seminar mit JuBuK organisiert hat, hält diese Art zusammenzukommen für besonders sinnvoll, auch weil man hier auf bestehende Erfahrungswerte zurückgreifen kann: "The Jewish Agency... It is from where all these seminars started. I have boys and girls who where in these camps, when they were children in Soviet Union, came to Germany and continue to come to seminars from the same organization." (MARIANNA: 71) Tatsächlich konnten einige Netzwerkmitglieder in Deutschland direkten Anschluss finden: „Es sind mindestens zwanzig-dreißig Leute in Deutschland, die ich so kenne, von früher – aus der Ukraine. Weil wir da zusammen im Ferienlager waren und Sochnut... Und dann noch Freunde von DIESEN Freunden." (DENNIS: 30) Zudem berichten viele Interviewpartner, dass sie in ihrer Kindheit bei Veranstaltungen und in Ferienlagern der Jewish Agency zum ersten Mal in Kontakt mit dem Judentum und ihrer Zugehörigkeit kamen. Während diese Angebote bei den einen (vorerst) zur Ablehnung führten, wie z.b. bei Igor, waren sie für andere, Vladimir, Ljova oder Dennis, eine große Bereicherung. Für alle war es jedoch die prägende ‚jüdische' Erfahrung, auf die sie in Deutschland bei Bedarf zurückgreifen konnten.

Das jetzige Ziel solcher Seminare für die Jewish Agency ist es „eine Verbindung zwischen Menschen und ihren jüdischen Wurzeln herzustellen, um ihre jüdische Identität zu stärken. Deswegen ist es wichtig, über die Bildung die Verbindung zum israelischen Staat herzustellen" (Marianna L. in Richter 2013). Igor ist da anderer Meinung: „du kannst nicht erwachsene Leute nehmen und sie irgendwie ERZIEHEN. […] Wenn die Leute keine Verbindung zu Israel haben, kannst du sie nicht einfach so aufbauen. Das kommt aus der Familie." (IGOR: 102) Er findet: „Abgesehen vom Programm, das wichtigste Ziel eines Seminars ist jüdische Mädels und jüdische Jungs zusammen zu bringen, damit sie sich kennenlernen können" (ebd.). Bei einem Blick auf das Programm des 3,5tägigen Seminars in Köln wird deutlich, dass die Veranstalter zum non-formalen Austausch großzügige Pausen und viele Freizeitaktivitäten eingeplant hatten.

5.2.8. ‚Auf Brautschau'

Während die Gelder vom Zentralrat der Juden und den Gemeinden gekürzt werden, schaffen es JuBuK e.V. und BJSD weiterhin Mittel für

Seminare und Partys zu organisieren.[55] Damit ermöglichen sie „[a]uf scheinbar zufällige Weise […] das Zusammentreffen von Individuen, die im Hinblick auf alle für das Leben und das Überleben der Gruppe wichtigen Gesichtspunkte so homogen wie möglich sind" (Bourdieu 1983: 193). Weil Neuzugang ‚gefährlich' ist, „ist es ganz logisch, daß [sic] in den meißten Gesellschaften die Vorbereitung und Durchführung von *Heiraten* [sic] eine Angelegenheit der betroffenen Gruppe als ganzer ist" (Bourdieu: 193). Dies wäre im beschriebenen Fall, allein aufgrund der geringen Netzwerkgröße, nicht ohne Weiteres möglich. Dennoch zeigt sich eine ähnliche introvertierte Gruppendynamik. Die meisten Ingroup-Vertreter haben ihre Ex-Freundinnen bzw. ihre jetzige Freundin bei Seminaren kennengelernt, „beziehungsweise da gesehen und dann bei Facebook gefunden" (IGOR: 103). Auch wenn die ‚Ressourcen' knapp sind, fungieren diese Veranstaltungen nach wie vor wie eine PartnerInnenbörse:

> Viele die verheiratet sind, Jungs, Mädels, oder eine feste Beziehung haben, die scheiden aus diesem „jüdischen Leben" aus. Jaaa, sie bleiben Zuhause, sie sind glücklich… Sie tauchen nirgendwo auf, auch nicht bei den [Facebook-]Gruppen. Also kann man schon davon ausgehen, wenn man irgendwo aktiv ist, oder wenn man in einer jüdischen Gruppe dabei ist, ist die Wahrscheinlichkeit ziemlich hoch, dass er bzw. sie auch auf der Suche ist. (IGOR: 110)

Die Größenordnung der Seminare variiert

> zwischen 40 und 70 Leuten. Aber […] wenn du eine große Gruppe machst, und das Seminar von Donnerstag bis Sonntag, dann ist 70 schon viel. Weil am Ende müssen die Leute einander auch kennen. […] Aber ich kann sagen, ich kenne schon zahlreiche Pärchen, die eigentlich schon verheiratet sind, die sich auf meinen Seminaren kennengelernt haben. […] Letztes Jahr 2012 gab es ein großes Seminar mit 250 Leuten in Maastricht. Dann gibt es einige von JuBuK mit 40 Leuten. (IGOR: 102)

„Auch gibt es viele Seminare die von Religiösen für Religiöse organisiert werden. […] Aber […] da fahre ich nicht hin und viele meiner Bekannten auch nicht." (IGOR: 102) Für Dans Geschmack ist selbst bei religiösen Veranstaltungen in seiner Stadt „zu viel Heuchelei. Die ganzen Jungs, die kommen doch dahin, nicht um im Gebetsraum zu sitzen und wirklich zu beten! Die wollen doch ein paar Mädchen kennenlernen, deswegen sind sie auch JEDES Mal dabei!" (DAN: 135f) Pavel dagegen ist jemand, der sich vom Netzwerk bewusst distanziert. Er fühlte sich auf einer russisch-jüdischen Party offensichtlich unwohl, wie seine ironische Beschreibung zeigt: „Alle tarkeln sich dann auf zu solchen Anlässen. Und alle sind auf Brautschau oder Bräutigamschau. Und du siehst dieses

---

[55] „Jewish Agency, Joint, […] [die Finanzierung] kommt ein bisschen von überall." (IGOR: 100)

GEBALZE von diesen hässlichen Leuten und du willst einfach nur weglaufen. [überzogen ironisch, beide lachen]" (PAVEL: 149) Für Pavel scheinen die Ressourcen dieser ‚Zweckgemeinschaft' nicht interessant zu sein, weder in Bezug auf das Sozialkapital noch auf die PartnerInnenwahl. Dennoch ist es auffällig, dass sowohl In- als auch Outgroup-Vertreter berichten, dass PartnerInnenwahl ein Hauptfaktor für diverse (russisch-)jüdische Zusammenkünfte ist.

Im Netzwerk gibt es „vielleicht so um die 300 Leute, die in dem Bereich aktiv sind, die bereisen Seminare, vielleicht nicht alle auf einmal, aber abwechselnd. Und die breite Masse, die wird nicht erreicht." (IGOR: 102) Die Menschen, die „nicht in den Netzwerken" (ebd.) sind, haben eventuell schon eine eigene Familie oder zumindest „einen eigenen Bekannten- und Freundeskreis" (ebd.). Zudem gelten „die jüdischen Organisationen […] als uncool, langweilig, Brainwashing, Propaganda… [Igor] würde sogar sagen, im Großen und Ganzen entspricht es schon der Wahrheit." (ebd.) Deshalb war er immer bemüht seine Veranstaltungen entsprechend den Wünschen der Teilnehmer zu gestalten: „Du lässt den Leuten Freizeit, […] gutes Essen, dann sind sie glücklich und dankbar." (IGOR: 101)

Für Netzwerkmitglieder tragen solche Seminare und Partys erfolgreich zur Homogenisierung der Gruppe und zur Stärkung des Ingroup Favoritism bei. Das Ausschließen des Neuzugangs ist zwar ein Sicherheitsmechanismus, führt jedoch zur Verknappung der ‚Ressourcen', in dem Fall zum Mangel potentieller PartnerInnen. Auch Marianna sieht diese Situation mit Sorge: „The problem of our Russian speaking German community is that we are TOO SMALL." (MARIANNA: 71) Das Potential für PartnerInnensuche scheint beinahe ausgeschöpft zu sein und eine Lösung des Problems ist nicht in Sicht.

5.3. Grenzverläufe – ‚Wir' und ‚die Anderen'

Kommunikation verbindet! Wie ein Klebstoff schweißt sie die Netzwerkmitglieder zusammen, ermöglicht ihnen den Austausch von Ressourcen, den Einsatz ihres Sozialkapitals. Dabei kommt der Sprache eine entscheidende Rolle zu – sie hat nicht nur eine eingrenzende Funktion, sondern kann auch ausschließend sein. Ein anschauliches Beispiel war die Wende in der Facebook-Diskussion nach Dans Kontaktanzeige, als die Gesprächsteilnehmer plötzlich ins Russische gewechselt haben und die nicht Russischsprachigen außen vor blieben. Die Kenntnis der russischen Sprache kann als eine Zugangsberechtigung für dieses Netzwerk gesehen werden. Als eine Gruppe mit flachen Hierarchien ‚verwaltet' sie sich größtenteils selbst.[56] Deshalb kam dieser Ausgrenzungsimpuls im Chat aus der Mitte. Er kann als ein Zeichen der Selbstbestätigung und Machtausübung gegenüber denen, die nicht zur Gruppe gehören sollen, gesehen werden – frei nach dem Motto: ‚Es ist unsere Gruppe und wir haben hier die Macht', „keiner der Deutschen kann mir was sagen" (Александер: 166). Durch den Wechsel der Sprache wurde die Grenze zwischen den russisch-jüdischen und ‚den Anderen', in dem Fall ‚den Deutschen', nochmals gezogen. Eine theoretische Einordnung von Grenzen und eine genauere Untersuchung des Grenzverlaufs, der das Netzwerk umgibt, sollen im Folgenden dargestellt werden.

5.3.1. Grenzen in Theorie

„Grenzen dienen dem *Aus*schluss [sic]" (Geisen/Karcher 2003: 7), aber zugleich „auch dem *Ein*schluss [sic] und sind damit eine wichtige Konstitutionsbedingung für das ‚Innen' eines von Grenzen umschlossenen Raums" (ebd.: 8)[57]. Sie definieren, wer von den Sicherheit stiftenden Ressourcen des im Netzwerk vorhandenen Sozialkapitals profitieren kann, wem man eigene Unterstützung zur Verfügung stellt. „Es wird ein kollektiver Bereich gebildet, der den Individuen sowohl Schutz als auch Entfaltungsmöglichkeiten bietet." (ebd.) Damit diese und andere Ressourcen gewährleistet sind, müssen die Bereichsgrenzen respektiert werden, und zwar von innen wie von außen. Wo dies nicht der Fall ist, „werden Grenzen zu Barrieren, um das ‚Innen' selbst zu sichern und eine Diffusion zu verhindern" (ebd.). In der beschriebenen Facebook-Diskussion wurde die Kenntnis der russischen Sprache zu solch einer Barriere. Während manche Grenzen zu unpassierbaren Hürden werden, können sie doch „als besondere halbdurchlässige Membran begriffen werden, die einigen Elementarteilchen den Durchgang ermöglicht, ihn anderen hingegen ‚verweigert'" (ebd.: 9). Wie im Kapitel zur Rolle des Forschers beschrieben, hatte ich als ein stilles ‚Mitglied am Rande' (bzw. aus meiner Perspektive sogar außerhalb) des Netzwerks eine Zugangsberechtigung ‚ohne Verfallsdatum', und zwar aufgrund meiner russisch-jüdischen

---

[56] Wie gesagt, gibt es reale Hierarchien (Facebook-Admins, Seminarorganisatoren). Dennoch ist der Zugang zu diesen Positionen für Netzwerkmitglieder relativ einfach, was mit den lediglich symbolischen Vorteilen dieser Rollen zusammenhängt und mit einem Mangel an Interessenten.

[57] Auch Alois Hahn arbeitet in seinem Beitrag ‚Inklusion und Exklusion. Zu Formen sozialer Grenzziehungen' heraus, dass „Prozesse der Exklusion zugleich immer auch Prozesse der Inklusion darstellen". (Geisen/Karcher 2003: 11)

Abstammung und der bestehender Kontakte zu Schlüsselfiguren. Dan dagegen konnte auch an einigen Seminaren teilnehmen, hat aber aufgrund der nicht genügenden Russischkenntnisse nicht ‚dazugehören'. Als sogenannte ‚Membran' ermöglichen Grenzen also bestimmten Personen eine gewisse Mobilität.

Nach der ‚Theorie des kommunikativen Handelns' von Habermas[58] unterliegen Diskurse einer ständigen Aushandlung von Geltungsansprüchen einzelner Akteure. aufeinander treffen und zusammenkommen, wo Sicherheit und Ausgehend davon und in Anbetracht ihrer relativen Passierbarkeit können Grenzen als Interaktionsräume betrachtet werden. Es sind Räume des Austauschs, „in denen Vergleichbares und Gegensätzliches aufeinander treffen und zusammenkommen, wo Sicherheit und Unbestimmtheit gleichzeitig und nebeneinander bestehen, wo ‚Freund' und ‚Feind' einander gegenübertreten" (Geisen/Karcher 2003: 10). Dabei hinterlässt jede Grenzüberschreitung Spuren. „Jede ‚Rückkehr' ist […] von […] den Erfahrungen dieses Grenzübertritts geprägt; man ist nicht mehr dieselbe Person, die man vorher war." (ebd.). Insbesondere Migranten werden solchen Erfahrungen geformt. Doch auch alle anderen begegnen früher oder später ‚dem Fremden' und stoßen an ihre Grenzen, ob im großen oder im kleinen Maßstab, auf Reisen oder im Alltag. Dabei stellt sich die besonders im untersuchten Fall aktuelle Frage, inwiefern die Feststellung der Fremdheit „der Exklusion und symbolischen Grenzziehung dient" (Rommelspacher 2003: 47).

Birgit Rommelspacher betont, dass Fremdheit „sich nicht auf Unbekanntheit reduzieren" (2003: 47) lässt, sondern Ausdruck „spezifische[r] Beziehungsdynamik" ist, bei der es um Nähe und Distanz geht. Diese Beziehungskonstellation umfasst „zwei unterschiedliche Dimensionen, nämlich die *kulturelle* und die *soziale* [sic] Fremdheit" (Münkler in Rommelspacher 2003: 47). Kulturelle Fremdheit meint die fehlende Vertrautheit zwischen Menschen aufgrund von unterschiedlichem Wissen, verschiedenen Erfahrungen und ungleichen Weltanschauungen. „Soziale Fremdheit hingegen zeigt sich in der sozialen Distanz" (ebd.), die die Anderen außerhalb der eigenen Gruppe verortet. Am Beispiel der russisch-deutschen Konflikts innerhalb der jüdischen Gemeinden wird deutlich, wie die soziale von der kulturellen Fremdheit gestiftet wird, sodass sie einander bedingen. Distanz schafft wiederum soziale Asymmetrie, die zur Aufwertung des Eigenen und zur Abwertung des Fremden führt. Dies

---

[58] Vgl. Habermas, Jürgen (1995): *Theorie des kommunikativen Handelns*. Band 1. Handlungsrationalität und gesellschaftliche Rationalisierung. Frankfurt/M.: Suhrkamp

kann sich schließlich in aggressiver Ausprägung als Rassismus oder Nationalismus zeigen. Dabei vermittelt die „Identifizierung des Anderen als Fremden [...] einem selbst die Gewissheit dazuzugehören" (ebd.: 60).

Das mehrschichtige Konzept der Fremdheit, mit all seinen nützlichen sowie gefährlichen Eigenschaften, gehört untrennbar zum Leben. Daher bezeichnet der Philosoph Bernhard Waldenfels den „Mensch als Grenzwesen" (2006: 15), der ohne die Ab- bzw. Ausgrenzung der Fremdheit nicht sein kann. Das Ich formiert sich in Abgrenzung zum Anderen und bedarf einer Ordnung, um sich in der Welt zu orientieren. Die Einordnung passiert dabei auf individueller wie auf kollektiver Ebene, also als ‚Ich' und auch als ‚Wir', bspw. ‚Ich vs. Netzwerk' bzw. ‚Ingroup vs. Outgroup' oder ‚Juden vs. Nicht-Juden'. Dabei ist Fremdheit keine ‚genuine' Eigenschaft sondern eine Zuschreibung – sie ‚wird' als Ergebnis sozialer Umstände und Prozesse ‚geschaffen', um Grenzen zu konstituieren und um das Fremde zu benennen und auszugrenzen (Waldenfels 2006). Christel Baltes-Löhr formuliert diesen Ansatz in aller Deutlichkeit, dass „Grenzen, gleich welche Form und Funktion sie haben, als Konstrukt zu verstehen sind und trotz ihrer scheinbaren Eindeutigkeit von Menschen gemacht und damit auch als veränderbar zu betrachten sind" (2003: 83).

„Fremd machen bedeutet also, die Anderen kognitiv, emotional und sozial von sich zu schieben und diese Distanz aufrechtzuerhalten, indem die Anderen mit Assoziationen belegt werden, die als Gegenbilder zum Selbstbild fungieren." (Rommelspacher 2003: 49) Dazu „müssen die symbolischen Grenzen zwischen ‚Ihr' und ‚Wir' immer wieder neu gezogen und bestätigt werden" (ebd.: 50), was vor allem durch Stereotypen geschieht. Während die Autorin mit dem Personalpronomen ‚Ihr' die direkte Ansprache des Gegenübers betont, bedienten sich die Interviewpartner eher der ersten und dritten Person plural: ‚Wir' und ‚Sie'.Das lag zum einen an der Dialogsituation mit mir, in der ich als dem ‚Wir' angehörig wahrgenommen wurde. Zum anderen findet selten ein direkter Austausch der Gruppen statt, sodass man einander ‚ansprechen' würde. Die erwähnte Distanz ist so groß, das aus dem noch sichtbaren ‚Ihr' ein schon weit entferntes ‚Sie' geworden ist. Aus diesem Grund haben diese Pronomen Eingang in die Kapitelüberschriften gefunden. Dabei sind die ‚Anderen' im Folgenden wiederum in ‚ethnische' Gruppen sortiert, wie sie sich in den Interviews aufgrund kultureller Differenzen herauskristallisiert haben.[59]

---

[59] Zu beachten ist, dass auch das ‚Wir' im Bezug zum Gegenüber sich im unterschiedlichen Licht darstellt. Wie in einem Kaleidoskop ergibt sich ein abgewandeltes Bild und andere Facetten werden betont.

Doch wie ausschlaggebend sind kulturelle Differenzen wirklich? Werner Schiffauer (2002) setzt sich in seiner Studie ‚Migration und kulturelle Differenz' kritisch mit den Begriffen wie ‚Kulturkreis' und ‚Mentalität' auseinander. Dabei sieht er das Problem nicht darin, „dass es Unterschiede zwischen Kulturen gerade auch in Hinblick auf Normen und Werte gibt" (Schiffauer 2002: 10). Problematisch wird es „immer dann, wenn man versucht, diese Unterschiede zu benennen" (ebd.). Durch eine geschaffene kollektive Identität legt man sich selbst, aber auch den anderen immer fest, steckt sie/ihn in eine Schublade. Mit einer Zuschreibung wie z.B. die deutsche oder die jüdische Mentalität ist man schnell bei stereotypen Vorstellungen und nimmt das Individuum nicht mehr ernst. „Nicht weniger wichtig ist, dass mit der Rede von Mentalität Identität auf eine einzige Dimension, nämlich auf die ethnische Identität, reduziert wird." (ebd.: 11) Dabei bezieht sich die „Prägung durch ethnische Kultur [...] nur [...] auf den Bereich der familialen Sozialisation – und unter Umständen auf den Bereich des Milieus"[60] (ebd.: 12). Das Elternhaus und die Schule sind nur zwei von vielen Einflussfaktoren. Wichtige Bedeutung haben auch das berufliche Umfeld, die jeweilige Mode oder der Zeitgeist und nicht zuletzt der Einfluss von Klassenzugehörigkeit. (ebd.: 11) Wie Bourdieu beschreibt, entwickeln soziale Klassen einen charakteristischen Habitus, also „kulturelle Stile und Gepflogenheiten" (ebd.), um sich voneinander abzusetzen. Auch die Milieus, in denen „bestimmte Umgangsformen und Vorstellungen über Richtig und Falsch" (ebd.) herrschen, beeinflussen Individuen und ‚Kulturen'. Deshalb sind „ethnische Kulturen unendlich ausdifferenziert – so sehr, dass man von klaren Grenzen zwischen den Kulturen nicht mehr sprechen kann" (ebd.). Das macht es umso schwieriger Grenzverläufe zu beschreiben, die zudem als Interaktionsräume einer ständigen Aushandlung unterliegen. Allerdings ist der Begriff ‚Mentalität' wie andere ethnisch-kulturelle Zuschreibungen „im Alltag so fest verankert. Wir verorten uns und andere ständig in diesen Kategorien" (ebd.), nicht zuletzt die Interviewpartner.

Diese Kategorien, die immer das Ich bzw. das Wir zum Bezugspunkt nehmen, können nützliche Anhaltspunkte für die Nachverfolgung des Grenzverlaufs sein. Die Kriterien, die den Zugang zum russisch-jüdischen Netzwerk der *dritten Generation* bestimmen, zusammen mit den

---

[60] Hradil erklärt, dass „[i]n der neueren Forschung [...] unter ‚sozialen Milieus' üblicherweise Gruppen Gleichgesinnter verstanden [werden], die jeweils ähnliche Werthaltungen, Prinzipien der Lebensgestaltung, Beziehungen zu Mitmenschen und Mentalitäten aufweisen" (2006: 278).

distanzierenden Zuschreibungen und Stereotypen, die den ausgegrenzten Fremden zukommen, sollen auf den nächsten Seiten erörtert werden.

5.3.2. ‚Sie' – die Deutschen

„Gut, wenn man hier wohnt, muss man mit ihnen natürlich arbeiten, klar. Man redet Deutsch in der Schule, bei der Arbeit, deutsches Fernsehen, blablabla, aber privat geht da irgendwo die Grenze." (PAVEL: 89) Die Grenze zu ‚Ihnen', in dem Fall zur deutschen Mehrheitsgesellschaft, verläuft bei Netzwerkmitgliedern entlang der Trennung zwischen „Privat und Arbeit" (ebd.). Wie Tanja beschreibt, müssen sie diese Grenze regelmäßig passieren: „Alles was mit Schule, Uni und Arbeit zu tun hat, das ist alles deutsch. Und alles was mit privatem Leben zu tun hat, also Entspannen, Ausgehen, das ist eher russisch. Familie, alles russisch." (TANJA: 18)

Bezeichnend ist auch die Formulierung der Aussagen mit dem Pronomen der dritten Person plural. Diese Art über ‚'Sie' – die Deutschen' zu sprechen – mit einem unbestimmten, verallgemeinernden, manches Mal negativen Unterton – wurde auf dem Seminar in Köln als selbstverständlich wahrgenommen. Alle waren sich über ihr Bild von den Einheimischen einig, ohne dass es weiterer Ausführung bedurfte. Dabei konnte niemand dieses Image konkret beschreiben. Wer sich an eine Zuschreibungen wagte, bot nur negative Attribute wie z.B. ‚langweilig', ‚regelversessen und ordnungsliebend', bis hin zu widersprüchlichen Herabsetzungen wie ‚Sie können nicht Auto fahren' und wenig später ‚Sie sind versessen auf ihre Autos'. Leider kamen in der Seminargruppe die guten Eigenschaften, die die Vertreter der *dritten Generation* an der deutschen Mehrheitsgesellschaft schätzen und weshalb sie in Deutschland leben wollen, nicht zur Sprache. Möglicherweise lag es an der konkreten Gruppenkonstellation, dass das Schlechte betont wurde. Jedenfalls unterstützt diese Beobachtung die Theorie des Ingroup Favoritism, also die Neigung die Eigengruppe zu begünstigen, indem z.B. die Fremdgruppe degradiert wird.[61] In den Interviews wurde allerdings deutlich, dass die Einstellung zu ‚den Anderen' neutral bis positiv ist.

Dieses deutsche ‚typisch nett', auch wenn es eine Gummimaske ist, auch wenn man gezwungenermaßen nett ist, es prägt einen. Und bei solchen Menschen bleibt man auch

---

[61] Auch bietet sich hier die Überlegung an, inwieweit das Trauma des Holocaust und die Opposition zum deutschen ‚Tätervolk' das Zusammengehörigkeitsgefühl von Juden in Deutschland fördert.

sehr gern, OBWOHL es eine Maske ist. Mittlerweile habe ich auch gelernt freundlich zu lächeln. (LJOVA: 49f)

Auch Ruslan lebt gerne in Deutschland: „Hier ist alles einfacher. Viel besser strukturiert und [...] dahinter sieht man ein WERTEsystem" (RUSLAN: 65). Wie gesagt, stiftet das vorausschaubare deutsche Sozialsystem deutlich mehr Sicherheit und Komfort als das russische.

Dennoch sieht Ljova ein Problem: „Die Sprache lässt sich wunderbar lernen, aber nicht die Mentalität." (LJOVA: 51). Im Beruf wie auch mit nichtjüdischen Partnerinnen kam es „immer wieder zu solchen Diskrepanzen auf dem kulturellen Niveau" (LJOVA: 51). Wie beschrieben ist das nicht überraschend, denn kulturelle Differenzen können sich in allen Lebensbereichen äußern. Für die, die eine Wahl haben, ist es häufig einfacher sich ihresgleichen als den Unbekannten zuzuwenden. Auch Wowa stellte im Studium einen „Unterschied der Mentalitäten" (WOWA: 38) fest:

Sie [, die Deutschen,] können einander besser verstehen. Zuerst habe ich das alles vernachlässigt und habe gesagt, das ist egal, ich bin in Deutschland, ich muss mit Deutschen zu tun haben. Aber danach, als ich versucht habe mit Russen zu arbeiten, habe ich verstanden, [...] es ist ganz anders, weil wir haben den gleichen Hintergrund, wir sind gleich aufgewachsen, mit der gleichen Kultur. Wir verstehen gleiche Witze, gleicher Humor. Wir können gleiche Zitate aus den Filmen verwenden und jeder versteht, was das alles bedeutet und die Hintergründe. Und bei den Deutschen ist's schwieriger, weil da muss man zuerst den Inhalt erklären. Und ich verstehe auch nicht, was sie sagen, obwohl das jeder Deutsche kennt wegen der Kindheit. (WOWA: 38)

Interessanterweise beschreibt Rommelspacher im Kontext von Grenzziehungen, dass „Untersuchungen an deutschen Hochschulen [zeigen konnten], dass dort Angehörige ethnischer Minderheiten auf vielfältige Weise ausgegrenzt werden" (2003: 51). Dabei sind die deutschen Studierenden sich dessen kaum bewusst. „Dennoch werden zum Beispiel die nicht-deutschen Studierenden sehr häufig vom sozialen Kontakt zu studentischen Arbeitsgruppen und damit vom Zugang zu informellem Wissen ausgeschlossen, was für den Studienerfolg von ganz erheblicher Bedeutung ist." (Rommelspacher 2003: 51) Ist der Zugang zu informellem Wissen gefährdet, liegt es nahe, dass die Sicherheitsmechanismen stärker greifen und man sich der Gruppe zuwendet, die einem diese Ressourcen zur Verfügung stellt. In mehreren Interviews war von der Distanzierung ‚deutscher' und ‚ausländischer' Studierender die Rede. Die meisten begründen diese Trennung mit kulturellen Differenzen, bspw. mit Aussagen wie: „Im deutschen Wohnheim wohnt jeder in seiner Zelle und kennt den anderen NICHT." (DENNIS: 29) „Und es gibt andere, für Internationals" (ebd.), wo man zusammen Spaß hat und einander hilft. Igor dagegen befürchtet wirklich den Zugang zum wichtigen informellen Wissen im Studium zu verlieren:

Ich bin nicht auf andere angewiesen, aber ich will nicht, dass ich eine Information nicht bekomme oder ein Skript nicht bekomme oder keine Ahnung was noch, nur weil vielleicht eine einzelne Person, die dieses Skript hat, Antisemit ist. Ich möchte es besser nicht ausprobieren. (IGOR: 105)

Seine Antisemitismusbefürchtung teilt Igor mit anderen Interviewpartnern. Dabei hat niemand weder damit noch mit offener Ausländerfeindlichkeit Erfahrungen gemacht. Dennoch geht man auf Nummer sicher. Igor findet: „Man muss nicht unbedingt eigene Erfahrungen sammeln, um zu wissen, dass das schief gehen kann" (106).

Viele der Netzwerkmitglieder sind wahre Grenzgänger, oder ‚Halfies‘, wie Lila Abu-Lughod[62] sie nennt. Damit meint sie, dass Menschen gleichzeitig immer mehreren hybriden Kulturen angehören. Auf dem Seminar und in den Gesprächen entstand der Eindruck, dass besonders viele Frauen der *dritten Generation* ‚in zwei Welten‘ Fuß gefasst haben.[63] Die gemachten Beobachten zeigten, dass Männer im Netzwerk privat eher zu einem ausschließlich russischsprachigen Freundeskreis tendieren.

Da kann man sich zusammensetzen […] die ganze Nacht bis morgens irgendwelche Themen diskutieren, moralische Fragestellung, ethische Wasauchimmer. Tja, und mit den anderen, [den Deutschen,] hat sich da so noch nie ergeben. (DENNIS: 29)
Aber, ganz ehrlich, ich habe 99 Prozent russische, also russisch-jüdische Freunde. Ich hab keine besten, oder keine guten Freunde unter Deutschen. Das hat sich so ergeben. Ich hab nie gesagt ‚Ne [klopft auf den Tisch], ich häng jetzt nur mit Russen ab‘. (DENNIS: 28)

Beim Thema Freundeskreis kam häufig der Verweis auf soziale Netzwerke, beispielsweise von Ljova: „Tatsächlich, wenn du mein Facebook-Account anschaust, sind das extrem viele [jüdische Russen]. […] Aber es hat sich so ergeben, nicht weil ich das irgendwie filtriere, sondern weil gemeinsame Interessen uns näher liegen." (LJOVA: 50). Meron würde sich dem anschließen. Es selbst scheint von der Kraft der ‚gemeinsamen Interessen‘ beeindruckt zu sein: „Ich bin in Deutschland groß geworden. Ich war von 12 bis 16 definitiv deutsch." (MERON: 122) Als mehr Russischsprachige auf die Schule kamen, ist das „dann automatisch so passiert. Man ist dahingezogen worden. Das war interessanter einfach."

---

[62] Vgl. Abu-Lughod, Lila (1991): Writing Against Culture. In: Fox, Richard G. (Hrsg.) (1991): *Recapturing Anthropology. Working in the Present.* Santa Fe, New Mexico: School of American Research Press.

[63] Die Vermutung liegt nahe, dass Frauen sich in der Kommunikation offener, flexibler und anpassungsfähiger verhalten, sodass sie häufiger gemischte Freundeskreise haben. Jedoch lassen sich dazu keine weiterführenden Aussagen aus der durchgeführten Forschung machen.

(ebd.) Interessant ist die Allgemeingültigkeit, die er dieser Entwicklung unterstellt: „Das passiert dir auch. Aber das hast du noch vor dir."[64] (ebd.)

Die Erkenntnis der eigenen Zugehörigkeit würde einem spätestens mit einem russischsprachigen Partner kommen. „Dann kennst du auch den Unterschied nicht zwischen einem deutschen und einem russischen Freund." (MERON: 122.) Der Unterschied kultureller ‚Mentalitäten' bei Männern in einer Beziehung kam auch im Interview mit Wowa zur Sprache: „Es ist häufig so, dass russische Kerle sich russische Mädels aussuchen. Aber die russischen Frauen werden von allen möglichen Männern ausgesucht, ich meine auch Deutsche, Ausländer…" (WOWA: 45) Zum einen ist die passive Rolle der Frauen bei der Partnerwahl auffällig. Zum anderen bestätigt seine Aussage die Vermutung, dass Frauen sich eher in anderen Kultur- und Freundkreisen ‚umschauen' als Männer. Und schließlich begründet Wowa damit, weshalb es für russischsprachige Männer schwieriger ist eine Partnerin zu finden. Nicht nur die Auswahl im Netzwerk ist zu klein. Hinzu kommt, dass

russische Männer […] besser sein [müssten] als die, die hier leben. Das heißt erfolgreicher, oder… keine Ahnung. Sie sind gezwungen mit den Einheimischen zu konkurrieren. […] Auch allein von der Sprache her. Der Kerl muss die Frau unterhalten, das ist seine Rolle. Für Ausländer ist das natürlich schwieriger, wiederum wegen der Mentalität, die Witze sind nicht verständlich. (WOWA: 45)

Hier kommt wieder der Aspekt der ungleichen Konkurrenz mit den Einheimischen zum Vorschein. Auch wird nochmals deutlich, dass man sich durch die mangelnde Kenntnis der deutschen Mentalität und das ungenügende Sprachniveau benachteiligt fühlt.

Für Frauen ist das leichter […], also ich meine jetzt alle russischsprachigen Frauen, die hier leben… Meistens sind das sehr gut aussehende Frauen, sehr gute Hausfrauen, das heißt diese Idee der Emanzipation ist bei ihnen nicht zu sehr ausgeprägt. Und die Deutschen wollen das ja auch nicht wirklich, die meisten. (WOWA: 45)

Offensichtlich hat Wowa den Eindruck, dass deutsche Frauen, im Vergleich zu den russischen, häufig zu emanzipiert und optisch weniger attraktiv sind. Seiner Meinung nach würde dies dem Geschmack keines Mannes entsprechen. Auch über den Geschmack deutscher Frauen hat sich Wowa Gedanken gemacht: „So weit ich weiß, sind die russischen Männer in der Reihe der Ausländer nicht besonders beliebt". (WOWA: 45).Er vermutet, dass sie nicht emotional genug seien (ebd.). Auf die Idee, dass es an ihren teils antifeministischen Ansichten liegen könnte, kommt Wowa nicht.

---

[64] Auch wird hier wieder deutlich, dass ich aufgrund meiner ‚Abstammung' als Teil des ‚Wir' betrachtet werde.

5.3.3. ‚Sie' – die Russen

In den Interviews wurde deutlich, dass die Netzwerkmitglieder sich selbst der Gruppe der ‚Ausländer' zuordnen, die der Gruppe der ‚Deutschen' gegenübersteht. Mit den ‚Deutschen' sind häufig auch nicht-russischsprachige Juden gemeint, also die *erste Generation* und deren Nachkommen. In der russischen Gruppe gibt es allerdings eine weitere Unterteilung nach ‚Niveau'. Meron findet:

> Es ist auch sehr schwer dem Niveau zu entsprechen, dem jüdischen Niveau. Und das Niveau ist gebunden an die Herkunft. Wenn du jetzt hier in Deutschland die Russischsprachigen vergleichst: Wer kommt aus den Großstädten? Wessen Eltern hatten die bessere Ausbildung? Das sind die Juden. Alles andere ist Kasachstan: keine Ausbildung, keine Großstädte, Dörfer. (MERON: 120)

> Hier in Deutschland, wenn du schon mit Russen abhängen willst, dann mit Russlanddeutschen oder mit Juden. Ok, du findest vielleicht einige Russen, ganz wenige. Wenn du schon einen Bekanntenkreis haben willst, der dir entspricht, dann sind es nur Juden. […] [Die Russlanddeutschen] kommen meistens aus einfachen Verhältnissen… Ich meine nicht, dass sie schlechte Leute sind. Aber ich meine, dass sie für mich kein Interesse haben und sie sind auch für mich nicht interessant. Wir haben ganz verschiedene Themen. (IGOR: 104f)

Merons Erfahrungen mit russlanddeutschen Frauen, die meist aus Kasachstan stammen, entsprechen Igors Aussage:

> Die siehst du in der Diskothek, mit denen kann ich mich nicht unterhalten, weil sie mich nicht verstehen. Ich mache ihr ein Kompliment, aber ich sage nicht direkt „Hey, du hast große Augen". Ich mache das über einen Witz. Und das Indirekte, das versteht sie nicht. Sie ist zu dumm dafür. […] Mit Deutschsprachigen, oder Anderssprachigen... Vielleicht gibt's die, aber die graue Masse da draußen würde die Hälfte der Witze und Anspielungen nicht verstehen. Ich beherrsche diese, sag ich mal, ‚Wortspiele' auf Deutsch nicht in der Form. (MERON: 117)
> Und als ich IGOR kennengelernt habe und diese russisch-jüdische Gesellschaft – das ist EHER das Niveau. (MERON: 119)

Ähnliches haben auch andere Interviewpartner berichtet. Die virtuose Beherrschung der russischen Sprache mit Rückgriffen auf kollektives Gedächtnis (Filme, Anekdoten, etc.) ist etwas, worauf die russischsprachigen Juden stolz sind. Unter ihresgleichen werden diese Kenntnisse und der kreative Umgang damit geschätzt und als eine Art Statussymbol wahrgenommen. Es ist ein Zeugnis angemessener Erziehung und guter Bildung. Das, was die Interviewpartner mit ‚Niveau' meinen, kann nach Bourdieu als das inkorporierte kulturelle Kapital, mit dem entsprechenden Habitus, verstanden werden. „Wer am Erwerb von Bildung arbeitet, arbeitet an sich selbst, er ‚bildet sich'." (Bourdieu 1983: 186) Inkorporiertes Kulturkapital „ist ein Besitztum, das zu einem festen Bestandteil der ‚Person', zum Habitus geworden ist; aus ‚Haben' ist ‚Sein' geworden" (ebd.: 187). Umso schmerzhafter ist es, dass dieser ,verinnerlichte Code' mit der Migration nach Deutschland, wo es nicht entschlüsselt werden kann, von einer Ressource zu einer Quelle für Missverständnisse geworden ist. Ljova, der auch Wortspiele liebt, bekommt für seinen originellen Humor an Stelle von Anerkennung nun Kritik zu hören: „'Ljova, du bist ja komisch.' ,Du hast ja komische Sprüche.' ,Über deine Anekdoten muss ich manchmal zwei-drei Mal nachdenken.' ,Ach Ljova, wir sind in Deutschland hier. Das macht man so nicht! Das spricht man so nicht an!'" (LJOVA: 57) Auch weil man selbst das kulturelle Kapital der anderen nicht teilt, versteht man sie nicht – also hält man einander für ,komisch', ,dumm' oder ,kalt'.

Ich hatte Freundinnen, russische, aber nichtjüdische. Meine erste Freundin mit 20-21, Russlanddeutsche, aus Moskau oder irgendwie. Gebildet, Abitur im Einser-Schnitt im Gegensatz zu mir, alles top. Eltern – […] die sind zwar sehr freundlich und lächeln, aber das ist dieses Kitschige, Deutsche, Kalte... Nichts für mich. Empfindungslos. Obwohl sie alle Russisch sprechen und alle gebildet und freundlich sind. (MERON: 119)

Jegor, dessen Interview nicht aufgezeichnet wurde, hatte die gleiche Erfahrung gemacht – gleiche Bildung, Migrationserfahrung und Sprache mit einer russlanddeutschen Frau reichten nicht aus, um gemeinsamer Nenner für eine Beziehung zu sein. Es „ist eine Atmosphäre in der Familie" (MERON: 120), die man dann vermisst.

Sich gegenseitig ,verstehen können' ist sicherlich ein Grund, weshalb man sich eher zu Nichtjüdischen als zu nicht Russischsprachigen hingezogen fühlt. Da die Sprache das ,Werkzeug' beim Flirten ist, sind die meisten „eher auf Russischsprachige spezialisiert" (MERON: 117), auch wenn ihnen dann das ,Niveau' nicht genügt. Dennoch ist die Sprache eine bedeutende Gemeinsamkeit, die schnell auffällt und auf die man sich in unbekannten Situationen, beispielsweise zu Studienbeginn, sofort berufen kann. Dennis, Wowa und Jura u.a. haben sich an der Uni den ,Russen' angeschlossen und von ihrem Sozialkapital profitiert. Wenn es keine Wahl zwischen Juden und Russlanddeutschen gibt, wird das ,Wir' weiter gefasst und schließt alle Russischsprachigen ein.

Das ambivalente Verhältnis zu anderen Russischsprachigen in Deutschland ist also von Unterschieden in Herkunft, Bildung, Erziehung und dem ,gewissen Etwas' geprägt. Gleichzeitig fußt es auf einer wichtigen Gemeinsamkeit – der russischen Sprache. Demzufolge ist die Verbundenheit durch die Sprache keine Wahlgemeinschaft, vielmehr eine Zweckgemeinschaft: „Hier in Deutschland hast du praktisch keine Wahl. […] Hier umgebe ich mich mit Leuten, mit denen ich in Russland gar nichts zu tun hätte. […] Hier kann man nicht so wählerisch sein. Weil es weniger Leute gibt überhaupt." (IGOR: 105) Damit meint Igor hauptsächlich seine russischsprachigen Kommilitonen, die er allen Widersprüchen zum Trotz den deutschen vorzieht. Hinzu kommt, dass man bei Russen und Russlanddeutschen antisemitische Einstellungen befürchtet. Weil sie ‚auf Nummer sicher gehen' möchten, kommen russischsprachige nichtjüdische Frauen für die meisten Interviewpartner nicht in Frage.

5.3.4. ‚Sie' – die Antisemiten

Igor äußerte deutlich die Befürchtung von potentiellem Antisemitismus in seinem Umfeld, bspw. als er um Diskretion bei seinen Kommilitonen bezüglich des Interviewthemas bat. Judenfeindlichkeit befürchtet er weniger von den Deutschen, sondern eher von Seite der Russlanddeutschen und der wenigen Russen, die er kennt. Weil die Sprache sie verbindet, hat er mit ihnen im Studium mehr zu tun. Dabei versucht er eine gewisse Distanz zu wahren und Details zu seiner jüdischen Zugehörigkeiten und der Aktivität im BJSD zu umgehen: „Die meisten wissen es auch nicht. Für die meisten bin ich auch nicht Jude, sondern ein Russe." (IGOR: 105)

> Ich will nicht mal daran denken, was überhaupt passieren kann. […] Ich kann besser schlafen, und auch […] [meine Kommilitonin] kann besser schlafen, wenn sie denkt, ich bin ein Russe. […] Ich habe keine Angst in Deutschland ein Jude zu sein. Ich fürchte nicht angegriffen zu werden. Ich fürchte nicht Probleme bei der Arbeit zu kriegen. Nur an der Uni möchte ich nichts riskieren. (IGOR: 106)

Meron, ein guter Freund von Igor, führt diesen Gedanken weiter: „Du weißt nicht, warum du an manchen Stellen scheiterst […]. Du wirst nie erfahren, warum du diese Wohnung zur Miete nicht bekommen hast, oder diese Arbeit…" (MERON: 124) Gleichzeitig ist diese Angst eine reine Vorsichtmaßnahme. Ruslan z.B. sagt deutlich, dass er keine Erfahrungen mit Antisemitismus in Deutschland gemacht hat: „Nein. Nichts, was persönlich gegen mich gerichtet wäre. […] Hier hast du weder mit Gewalt zu tun, noch mit Beleidigungen, noch irgendwas." (RUSLAN: 67)

Auch das Unbehagen gegenüber Muslimen wurde von meisten Interviewpartnern geäußert. Vladimir z.B. zog es vor den Gesprächsort zu wechseln, als es um seinen Glauben ging und in der Nähe Arabisch gesprochen wurde. Auch Igor entschied sich ausdrücklich wegen der jüdischen Interviewthematik gegen ein orientalisches Café. Ebenso sagte Tanja, dass es ein Unbehagen gibt offen über ihr Jüdischsein zu sprechen, „nicht unbedingt aufgrund der deutschen Geschichte, nein. Es geht eher darum, dass es hier auch viele Muslime gibt, bei denen man nicht weiß, wie sie zu Juden stehen. Und weil sie auch aggressiv sein können, möchte man das nicht an die große Glocke hängen." (TANJA: 21) Pavel zieht es auch vor nicht jedem alles zu erzählen: „Ich will es nicht irgendwelchen Türken erzählen, weil manche verstehen ja nicht, dass Juden und Israel zwei verschiedene Sachen sind. Die würden dann sagen: Israel zerstört Gaza, zerstört unsere Brüder usw". (PAVEL: 86)

Während manche sich von Israel distanzieren können, fühlen sich andere bei Israel-Kritik persönlich angegriffen: „Ich kann nicht NICHTS sagen, wenn jemand etwas gegen Israel sagt, vor allem wenn Leute irgendwas lesen und keine Ahnung haben, was da wirklich abgeht. Das ist wie meine Familie, wie ein Verwandter." (DENNIS: 31) Wowa ist sogar überzeugt, dass er „die Verantwortung für die gesamte Israel-Politik" (WOWA: 39) hat, auch wenn das Judentum „zurzeit keine so große Rolle" (ebd.) für ihn spielt. „Weil wenn da irgendwas Schlimmes passiert, muss ich meinen nichtjüdischen Freunden erklären, was sie da machen. Und mit der Zeit wird es immer schwieriger, weil ich auch nicht überzeugt bin, dass die Politik, die da betrieben wird, hundertprozentig richtig ist." (ebd.) Maxim, der außerhalb des Netzwerks ist, versucht „vernünftig und rein rational […] zu entscheiden, ob das, was in Israel gemacht wird, gut oder schlecht ist" (MAXIM: 92).

Also ich, rein von der Emotion her, denke mir auch „Ja, WIR Juden...". Ja, vom Gefühl her. Aber andererseits verstehe ich in derselben Sekunde, dass es eigentlich absoluter Blödsinn ist so zu denken. […] Ich glaub, [zögerlich] es geht mich nicht wirklich was an. In dem Sinne, es geht mich genauso viel an wie Frankreich, Spanien, keine Ahnung. […] Dass dieses Land politisch gesehen einen BONUS bei mir hat und es sich mehr erlauben kann, als andere Länder – JA, das stimmt schon. (MAXIM: 92)

Pavel dagegen hat sich bei einem groß angelegten Seminar der Jewish Agency zum Thema ‚Mittel gegen die Delegitimation von Israel' mehr mit dem Thema beschäftigt. Die Frage dort war:

Was können wir alle, alle 300, die dort waren, tun, um das Image von Israel in der Öffentlichkeit besser darzustellen. Ja, was haben wir gemeinsam? Viele sind ganz offen und sagen „Ja, ich stehe zu Israel, egal was Israel macht", obwohl man das natürlich bisschen kritisch betrachten sollte. […] Nach der Erfahrung von zweitem Weltkrieg, die Juden brauchten auf jeden Fall einen eigenen Staat. Jetzt haben wir einen eigenen Staat, man fühlt sich sicherer. (PAVEL: 87)

Für Erik ist es vor allem „die Existenz von Israel [, die] sehr wichtig ist für alle Juden auf der Welt" (ERIK: 83), weniger die Einigkeit in Israelfragen. Ausgehend von den Interviews, hat er damit ganz Recht. Die einen sagen: „Ich MAG Israel. Ich fühle mich da komischerweise sehr wohl. Ich habe da schon so was wie ein [sucht nach Worten] überproportionales Heimatgefühl oder so. Das hat mich sehr überrascht." (ERIK: 83) Die anderen haben dort Heimatgefühle gleich „NULL. Es ist ein wildes fremdes Land." (PETER: 148). Um dort zu Leben ist das Land für die meisten allerdings „einfach zu chaotisch. Und zu heiß." (TANJA: 20). In fast allen Gesprächen, wie schon von Pavel angedeutet, wurde jedoch der Sicherheitsaspekt betont: „Israel ist wie eine Schutzinstanz für alle Juden.

Das heißt nicht, dass alle in Israel leben müssten, aber allein, dass es die Möglichkeit gibt." (TANJA: 21)

> Sobald wir hier in Deutschland wieder verfolgt werden, werden wir alle höchstwahrscheinlich dahin gehen. Deswegen sollten wir das Land schützen und bewahren, damit wir einen Ort haben, wohin wir uns zurückziehen können, wenn es Ärger gibt. (MERON: 124)

Dass junge Juden, die selbst nie Antisemitismus erfahren haben, sich auf diese Weise auf eine mögliche Verfolgung ‚vorbereiten', deutet auf ein gelebtes kollektives Trauma hin, welches tatsächlich in der Erzählung der Nation fest verankert ist. Auch das ausgeprägte Sicherheitsbedürfnis geht damit einher. Schließlich wirkt sich die Befürchtung des Antisemitismus auch auf die Wahl der Freunde und PartnerInnen aus. Wie bereits erwähnt ist unterschwelliger Antisemitismus vor allem bei der PartnerInnenwahl eine potentielle Gefahr. Wenn Rusland seine Eltern nach dem Grund fragte, „‚Warum habt ihr immer unter sich geheiratet?' – Die typische Antwort war: ‚Ich wollte nie von meinem Partner ‚Du Scheißjude' hören'. ‚Zhid/Zhidowka' [жид/жидовка] auf Russisch, ne?" (RUSLAN: 66) Diese pejorative Bezeichnung für Juden ist seit dem 19. Jahrhundert in Russland ein gängiger Ausdruck, der mit Geiz und Gier aussoziiert wird. Marianna findet, dass die Angst von einem nichtjüdischen Familienmitglied so beleidigt zu werden die Generationenwechsel und die Migration überlebt hat: „There is a small fear that if you will take a Russian, a German, I don't know, Non-Jew, one day, when you have a great crush in your family and the plates will be thrown all over the heads, someone will tell you: You are Jew! All of you are the same!" (MARIANNA: 72)

Ljova hat es schon in frühen Jahren erfahren. Als er in der Ukraine von Klassenkameraden als Jude gehänselt wurde, hat er angefangen sich „zu interessieren ‚Was heißt eigentlich Jude?'. Meine Mutter konnte es mir nicht wirklich erklären." (LJOVA: 52) Also hat er schon damals bei der Jewish Agency nach Antworten gesucht. Bei Erik war der sog. ‚linke Antisemitismus' Auslöser für mehr Interesse an Israel und Judentum. Ein Bekannter, der ihn auf antisemitische Weise für die Israelpolitik verantwortlich machte, hat damit gefördert, dass Erik sich „wieder mehr mit dem Judentum genau aus diesem Grund beschäftigt. Ich habe dann mehr gelesen, weil ich argumentieren muss, WENN ich auf solche Leute stoße." (ERIK: 83) Wie bereits zitiert, sind alle Interviewpartner durch die Fremdzuschreibung und häufige Konfrontation gezwungen zu Thema Israel Stellung zu nehmen – trotz unterschiedlicher Selbstidentifikation mit dem ‚Land ihrer Väter'. Erik schlussfolgert, dass „Hass oder Antisemitismus das Judentum oder die Zugehörigkeitsgefühle" fördern (ERIK: 83).

5.3.5. ‚Sie' – die ‚anderen' Juden

Das russisch-jüdische Netzwerk und die Konflikte mit ‚deutschen' Juden wurden bereits ausführlich beschrieben. Paradoxerweise schafft man es nicht sich anzunähern, auch wenn diejenigen, die eine(n) jüdische(n) Partner(in) suchen, Neuzugang in ihren Kreisen sehr dringend gebrauchen könnten. Die Ausgrenzung der Zugezogenen aus Gemeinden geht Hand in Hand mit der Selbst-Abgrenzung der *dritten Generation*, also derjenigen, die dort als ‚Russen' zum Teil oder als ‚Vaterjuden' absolut unerwünscht sind. Am deutlichsten spüren sie es politisch – durch Unterrepräsentanz in Vorständen, bei Unterbrechungen der Finanzierung ihrer Vereine und Veranstaltungen, aber auch auf individueller Ebene. Das trifft insbesondere auf nicht halachische Juden zu, die unter anderen Umständen an Gemeindeaktivitäten teilnehmen wollen würden. Pavel, der selbst jüdisch väterlicherseits ist, bringt es in seinem Statement zur Sprache:

> Mir reicht es schon zu wissen, dass ich da tendenziell unwillkommen bin. Und dass ich, um da willkommen zu sein, nach irgendwelchen Spielregeln spielen müsste, die ich nicht gemacht habe und die mir nicht gerecht vorkommen. Einfach unfair. Ich weiß nicht, was sie hier für Probleme haben. Woanders funktioniert es ja, z.B. mit der Zugehörigkeit von Vaterjuden zu Gemeinden oder so. Eine Konversion ziehe ich mir nicht rein […]. Alleine schon aus dem Grund, dass ich Atheist bin... (PAVEL: 151)[65]

Um weiteren Rückgang der Mitgliederzahlen aufzuhalten, plädieren viele für eine Anpassung der Halacha, der jüdischen Gesetze, die wohlgemerkt nicht gottgegeben sind, an die Gegenwart. Dies ist schon mehrfach in der Geschichte des Judentums geschehen und in den letzten Jahrzehnten vielerorts in USA und Großbritannien durchgesetzt worden (vgl. Much 2010). „Die jammern ja alle drüber, dass die Jugend fehlt und so weiter. Guckt euch mal an, was ihr macht, dann versteht ihr, warum die Jugend fehlt, wo man Leute systematisch ausschließt." (PAVEL: 151)[66]

Der innere Konflikt zwischen ‚deutschen' und ‚russischen' Juden ist also auf unterschiedlichem Verständnis vom Jüdischsein begründet. Dennoch hat selbst die *dritte Generation*, die liberalere Ansichten vertritt (, bspw. vertreten durch die Jewish Agency), eigene Kriterien, wer in ihrer Gruppe willkommen ist. Unerwünscht sind diejenigen, die überhaupt keine

---

[65] Erik und seine Freundin sind zu demselben Schluss gekommen, als es darum ging, ob sie zum Judentum konvertieren soll (s. Kapitel 4 ‚Vorstellung der Protagonisten').

[66] Michael Wolffsohn (25.7.2010) kritisiert, wohlgemerkt bei einem BJSD-Seminar, also vor der ‚russischen' *dritten Generation*, insbesondere das Verhalten deutscher Juden. Seiner Meinung nach positionieren sie sich als „moralische Instanz" hinsichtlich der ‚Richtigkeit' des Jüdischseins, gehören aber mit einer hohen Quote an Mischehen selbst zum „schein-orthodoxen Establishment" (ebd.).

jüdischen Vorfahren haben, bspw. Russlanddeutsche. Das ist bei einer jüdischen Veranstaltung nicht weiter verwunderlich. Dennoch bedauert Wowa, dass seine russischsprachigen, aber nichtjüdischen Freunde sich bei den Seminaren ausgegrenzt fühlen würden. „Ist schon ziemlich nationalistisch" (WOWA: 38), findet er. Auch die, die jüdisch, aber nicht russischsprachig sind, passen nicht richtig ins Bild. Beispielsweise Dan, der kein fließendes Russisch spricht und sich als ‚berechtigt' sieht dem russisch-jüdischen Netzwerk anzugehören, musste erkennen, dass er nicht dazugehört:

> Beim JuBuK[-Seminar] kam einer auf mich zu und der so [lachend] „Bist du sicher, dass du bei der richtigen Veranstaltung bist?" Ich so: „Jaa." Er dann: „Du siehst aber nicht russisch aus." Ich so: „Ja, bin ich auch nicht." „Biste überhaupt Jude?" Ich so: „Ich glaube, ich bin der einzige, der unter euch allen in Israel geboren ist." [...] Oder in Weimar [beim Jugendkongress], [...] erster Abend [...], bin ich in der Lobby, kam ich ins Gespräch mit einem, zweiter-dritter-vierter Satz „Sprichst du Russisch?" [imitiert den Akzent, ...]. Und ich hab aus Spaß nein gesagt, der hat sich weggesetzt! [...] Das Problem ist nur, dass die Russen unter sich sein wollen und ausgrenzen. (DAN: 131)

Wie die bereits diskutierte Facebook-Diskussion zwischen Aleksander und Liraz (Kapitel 5.2.2.2) zeigte, verläuft – zumindest für manche Netzwerkmitglieder – eine klare Grenze zwischen ihrer Gruppe und den ‚Deutschen', wie sie nicht russischsprachige Juden bezeichnen. Manches Mal mutet dies eine Trotzreaktion an, nach dem Modell: Wenn ihr uns nicht wollt, wollen wir euch auch nicht bei uns. Möglicherweise möchte man zudem ein Machtgefälle ausgleichen. Wenn man finanziell und politisch von Gemeinden und anderen jüdischen Organisationen abhängig ist, kann man im Privaten als zahlenmäßig größere Gruppe die eigene Überlegenheit zeigen. Das bekommt die deutschsprachige Minderheit zu spüren.

Durch die Betonung der Grenzen wird also versucht, die Gruppe möglichst einheitlich zu halten. Um dies zu gewährleisten, gibt es selbst innerhalb des Netzwerks eine „schwarze Liste" (102), auf der diejenigen stehen, die von den ‚Ältesten' nicht mehr zu den Seminaren zugelassen werden. Es sind „die Leute, die Stress machen, die werden aussortiert. Es bedeutet nicht, dass sie GANZ schlecht sind. Sie passen einfach nicht dazu, oder sie machen Krach oder sind halt Leute, die IMMER unzufrieden sind." (IGOR: 102). Demzufolge sind ‚jüdische Vorfahren' und ‚Russischsprachigkeit' nur Mindestvoraussetzungen, um tatsächlich zum Netzwerk dazuzugehören. Auch müsste man die Erfahrung der *dritten Generation*, deren Ansichten, Werte, Normen, Witze usw. teilen – mit anderen Worten deren Geschichte und ‚Kultur' verstehen. Doch auch das ist nicht alles, wenn es um PartnerInnenwahl geht – dann „kommt noch die persönliche Chemie, die zusammenpassen muss [dazu]." (LJOVA: 58)

6. PartnerInnenwahl

„The only problem, that I see now, is how closed the community is"
(MARIANNA: 72), sagt Marianna als Vertreterin der Jewish Agency for
Israel, die an der Entwicklung der jüdischen Diaspora arbeitet. „It is aside
from the Jewish community in Germany and it is closed. You cannot find
anybody here" (ebd.). Nichtsdestotrotz wünschen sich viele, insbesondere
Männer, eine Partnerin ihresgleichen:

> For their age it's hard to find a German-Jewish partner. Why didn't they find them
> before? If they already came to the age of 34, 35, 36 and they are still not married; they
> studied here already, made courses; they worked; they have been here already at least for
> five or ten or fifteen years – what is the reason that they are still trying to find someone
> Russian-speaking? (MARIANNA: 71)

Welche Begründungen die (vorwiegend amerikanische) Forschung
anbietet und was aus der jüdischen Perspektive, sowohl von Repräsentanten
als auch von Interviewpartnern dazu gesagt wird, soll im folgenden Kapitel
diskutiert werden. Auch stellt sich dabei die Frage, inwiefern
PartnerInnenwahl und explizit die Rolle der Frau dabei ein Ein- und
Ausgrenzungsprozess ist.[67]

6.1. Studien zur jüdischen Partnerwahl [68]

Bei einem Blick ins Forschungsfeld zeigt sich eine Reihe von Studien,
die sich explizit mit jüdischer Partnerwahl befassen, allerdings im US-
amerikanischen Raum. Sie plädieren für verschiedene Faktoren, die die
Orientierung junger Juden hinsichtlich der Partnerwahl beeinflussen
können. Im Folgenden werden drei dieser Studien vorgestellt und in Bezug
zum untersuchten Netzwerk und den bisherigen Überlegungen gestellt.
Dabei werden die Besonderheit und die Bedeutung des russisch-jüdisch-
deutschen Migrations-Kontextes deutlich, der die US-amerikanischen
Studien relativiert.

---

[67] Da PartnerInnenwahl eines der ‚Ein- und Ausgrenzungsprozesse' von ethnischen,
religiösen, nationalen u.a. Gruppen ist, kann dieses Kapitel theoretisch dem
vorangegangenen untergeordnet werden. Aufgrund der Betonung dieses Themas in
den Interviews und in dieser Arbeit, stehen beide Kapitel auf gleicher Ebene.

[68] Da es sich bei diesen Studien nicht explizit um die Wahl weiblicher Partnerinnen
handelt, so wie es in der hier durchgeführten Forschung der Fall ist, wurde bewusst
nicht explizit die feminine Form verwendet. Hiermit sind beide Geschlechter
gemeint, auch wenn auf das Gendern, der Lesbarkeit wegen, verzichtet wird.

6.1.1. ,Importance of Jewish Identity' in Intermarriage

J. Alan Winter veröffentlichte 2002 in einem Essay „Consistency and Importance of Jewish Identity and One's or One's Child's Intermarriage" die Ergebnisse seiner sozialwissenschaftlich angelegten quantitativen Studie in den USA. In zwei Runden wurden jeweils ca. 1000 Telefoninterviews mit Personen geführt, die sich als ,jüdisch' bezeichnen. Um zu untersuchen wie sich die Intensität der „Jewish identity" (Winter 2002: 39) in der Anzahl der Mischehen wiederspiegelt, stützt sich Winter auf drei Komponenten: (1) kulturelles jüdisches Selbstverständnis bzw. Religiosität, die für ihn durch die Zugehörigkeit zu einer orthodoxen, liberalen oder anderen Gemeinde markiert wird; (2) Beziehung zu und Verbundenheit mit Israel; und (3) Befürchtung des Antisemitismus (ebd.). Winters Hypothesen der Kontinuität (,consistency') werden bestätigt: Die Juden, die nicht in Mischehen leben, tendieren stärker dazu ihre jüdische Zugehörigkeit auszuleben, insbesondere in Bezug auf die ersten zwei Kategorien. Demgegenüber konnte sich kein deutlicher Zusammenhang zwischen der Wahl eines jüdischen bzw. nichtjüdischen Partners und der Antisemitismus-Erfahrung abzeichnen.

Es ist fraglich, inwieweit der Grad der jüdischen ,Identität' anhand genannter Faktoren in Telefoninterviews messbar ist. Auch kann man das Jüdischsein in den USA mit dem in Deutschland nicht gleichsetzen. Wie bereits beschrieben, spielt Religiosität[69] (1) im traditionellen Sinne keine wichtige Rolle für die Mehrheit der *dritten Generation*. Auch die Zugehörigkeit zu einer Gemeinde ist im untersuchten Fall nicht kennzeichnend.[70] Was sich mit Winters Hypothesen deckt, ist die Wichtigkeit des kulturellen jüdischen Selbstverständnisses (1), das durch die Thematik der Netzwerk-Veranstaltungen geprägt wird. Das Jüdischsein ist auch die konstituierende Begründung für das Gefühl der Zusammengehörigkeit. Ebenso verhält es sich mit der Bedeutung von Israel (2), was trotz verschiedener Haltungen ein wichtiges gemeinsames Thema

---

[69] Anhand der wachsenden orthodoxen Strömungen wird deutlich, dass es auch eine (neue) Tendenz zu einer besonders stark ausgeprägter Religiosität bei der *dritten Generation* gibt, wie es eine nicht repräsentative Studie am Beispiel Berlin zeigen konnte. Diese Beobachtung wurde im Rahmend des qualitativen Forschungsprojekts zum Thema *„Neues Orthodoxes Judentum in Berlin"* im Seminar „Global Prayers – Die Rückkehr des Religiösen in die Metropolen der Welt" gemacht (Dr. Stephan Lanz, Europa-Universität Viadrina, WiSe 2010/11).

[70] Bei der bereits zitierten Umfrage in der Berliner jüdischen Gemeinde zeigte sich allerdings, dass eine „große Mehrheit der Befragten [...] eine jüdische Erziehung wichtig" findet (Kessler 2003e) und für sich und die eigenen Kinder einen jüdischen Partner wünscht (vgl. ebd.).

ist. Der Aspekt des Antisemitismus (3) ist in Bezug auf die Erfahrungen in der Sowjetunion und die deutsche Vergangenheit einzuordnen. Auch wenn es sich hier um ‚Erzählungen' der kollektiven Gedächtnisses handelt und kein Interviewpartner persönlich bedroht oder verfolgt wurde, befürchten alle Gesprächspartner antesemitische Vorurteile, ob aus ‚russischen' oder aus muslimischen Kreisen, weniger aus den deutschen Kreisen. Diese empfundene Bedrohung beeinflusst, wie bereits diskutiert, auch die Partnerwahlentscheidungen. Es ist fraglich, weshalb sich in Winters Forschung diesbezüglich keine Korrelation zeigte.

6.1.2. ‚Stability in Same-Faith and Interfaith Jewish Marriages'

Auch Joshua G. Chinitz und Robert A. Brown haben sich in ihrer Studie „Religious Homogamy, Marital Conflict, and Stability in Same-Faith and Interfaith Jewish Marriages" ebenfalls mit mono- und interreligiösen jüdischen Ehen in den USA beschäftigt. In ihrer Untersuchung widmen sie sich der Ähnlichkeit der Partner hinsichtlich der Einstellung zum Judentum als Religion und kulturelle Praxis sowie den Konflikten in der Ehe (Chinitz/Brown 2001: 723). Insgesamt 155 erwachsene Kinder aus Familien mit einem bzw. beiden jüdischen Elternteilen wurden mit sozialpsychologischen Methoden (Fragebögen) bezüglich der Stabilität in der Ehe ihrer Eltern befragt (ebd.). Die Ergebnisse zeigen, dass Konflikte und verminderte Stabilität in der Ehe nicht durch den Indikator ‚Mischehe' vorausgesagt werden können, sondern vielmehr durch den sogenannten „degree of agreement on Jewish issues" (ebd.: 731). Wenn beide Partner über jüdisch-religiöse und kulturelle Praktiken einer Meinung sind, spricht es für eine stabile Ehe.

Diese Schlussfolgerung lässt sich auf die Elterngeneration der Interviewten anwenden. Mehrere Gesprächspartner, die nur ein jüdisches Elternteil haben, haben niemals religiös begründete Konflikte in ihrer Familie erlebt – ganz im Gegenteil. Bspw. ist Vladimirs Mutter ‚russisch', trotzdem förderte sie seine jüdische Bildung, brachte ihn z.B. regelmäßig in die Sonntagsschule. „Sie war nicht dagegen. Sie hat sogar mit mir Hebräisch gelernt." (VLADIMIR: 12). Ljova dagegen ist „halb Jude, halb Ukrainer. Rein halachisch bin ich Jude, weil mein Mutter jüdisch bis zum geht nicht mehr ist. Mein Vater genauso ukrainisch." (LJOVA: 52) „Konflikte [gab es deswegen in der Familie] nicht, aber es wurde immer wieder darüber gescherzt." (ebd.) Auf die Frage, ob seine Mutter ihn damals zu jüdischen Veranstaltungen geschickt hatte, sagt er: „Nein nein nein! Vergiss es. Meine Mutter hatte mit dem Judentum nichts, aber gar nichts am Hut." (ebd.) Kein Interviewpartner konnte von religiösen Auseinandersetzungen berichten – so sehr waren ihre Eltern zu ‚homo sovieticus' geworden und fern von ernsthaften religiösen Ansichten. Auch konnte niemand bestätigen in der eigenen PartnerInnenwahl heute von den Erwartungen der Familie ernsthaft beeinflusst zu werden.

Die Einigung über christliche Traditionen schien in der Studie von Chinitz und Brown weniger wichtig zu sein als Einigkeit über jüdische Themen. Die Autoren können nur vermuten, weshalb der „Christian factor" (ebd.) Stabilität und Konflikt nicht anzeigen konnte. Möglicherweise liegt es daran, dass für Christen, die eine Mischehe eingehen, ihre religiöse Zugehörigkeit weniger von Bedeutung ist als für Juden. „[P]erhaps Jewish individuals will be less likely to give up or change their religious views, not because they are very religious, but because they feel that if they do not carry on the Jewish practices, Judaism will become extinct." (Chinitz/Brown 2001: 731) Zum einen fand diese Hypothese mehrfach Erwähnung in den Interviews, aber selten klare Bestätigung. In Eriks Familie, dessen Eltern in Israel gelebt haben, werden nach wie vor die jüdischen Traditionen „ein bisschen verfolgt" (ERIK: 81). „Natürlich will man diese Kultur nicht erlöschen lassen" (82), sagt er. „Wenn man Deutsche heiratet, oder nicht mehr Jüdinnen heiratet [, so wie er selbst], dann tut man das ja auf eine Art und Weise." (ebd.) Andererseits,

lieber eine Deutsche mit der ich zufrieden bin, die ich liebe und die mich liebt, so wie ich bin, als eine unglückliche Beziehung mit einer Jüdin, wo halt unsere Kinder dann Juden sind, nur damit diese Tradition dann weiterlebt. Also, wäre es gekommen, hätte ich [...] mich gefreut und fände es super. Aber ich kann es schon nachvollziehen, warum es für Leute wichtig ist. Also, für mich ist das auch WICHTIG. Und ich mein, es ist auch ein Teil von MIR, der irgendwie schön ist und weitergegeben werden sollte. Auf jeden Fall! Man fühlt da so ein bisschen ein kleines Schuldgefühl... (ERIK: 82)

An dieser Aussage zeigt sich, dass für Erik beide Situationen – eine Jüdin, die er nicht liebt, bzw. eine Nicht-Jüdin, mit der er keine jüdischen Kinder in die Welt setzen kann – unbefriedigend sind. Die Frage ist, wie stark das erwähnte Schuldgefühl die gute Beziehung mit einer deutschen Frau belasten wird. Auch diejenigen, die im Zentrum des Netzwerks sind, Igor z.B., sind sich dieses Schuldgefühls bewusst, und trotzdem fühlte sich keiner der Gesprächspartner, abgesehen von Erik (und Jegor), ernsthaft für das Fortbestehen des jüdischen Volks verantwortlich. „Sollte mir das nicht egal sein? Ich meine, was ist wichtig für mich? Was? Dass das jüdische Volk weiterlebt oder dass ich mein persönliches Glück habe und dass meine Kinder auch ihr persönliches Glück haben?" (IGOR: 108) Diese Ansicht nimmt ihren Ursprung in der Religionsferne der Familie zu (Post-)Sowjetzeiten. Auch tendiert man zur gewissen ‚Flexibilität' in Bezug auf Frauen, weil das beschriebene Netzwerk für die PartnerInnensuche zu begrenzt ist.

Dennoch decken sich die Ergebnisse von Chinitz und Brown mit den Aussagen der Interviewpartner hinsichtlich ihrer fehlenden Bereitschaft sich auf christliche Traditionen einzulassen. Tanjas jetziger Freund hat jüdische Wurzeln, ist aber absolut nicht religiös. Trotzdem ist es ihr angenehmer, als wenn er christlich wäre:

> Vor ihm war ein Typ, der gläubiger Christ war. Aber auch sehr offen dem Judentum gegenüber. Er hatte sogar eine Hamsa[71] über seinem Bett hängen, was ich sehr schön fand. Weil wenn da ein Kreuz hängen würde, hätte ich Schwierigkeiten damit. Und das Kreuz hing dann im Arbeitszimmer und da bin ich fast nie hingegangen. (TANJA: 21f)

Umgekehrt scheint es allerdings häufiger Interesse für das Judentum zu geben. Mehrfach wurde von Frauen[72] berichtet, die mit dem Judentum sehr sympathisierten, obwohl sie keine Juden in der Familie hatten. Meron weiß, was nichtjüdische Frauen anzieht: „Sie haben das von der Bildung her und das entsprechende Niveau finden sie nur in den jüdischen Kreisen (MERON: 120) Ljovas Ex-Freundin ist das beste Beispiel:

> Sie sagte mir, dass sie IMMER schon jüdische Boyfriends gehabt hatte. Und sie möchte sehr gerne konvertieren und selbst Jüdin werden. Ich fragte dann warum, wieso und was sie darunter versteht, ob sie religiös ist. Nö, davon weiß sie nichts. ‚Ich möchte mich einfach als Teil dieses Volkes fühlen, weil Juden die und die und die Tugenden haben.' Stereotypen sicher. Also habe ich sie irgendwann zu einem jüdischen Seminar mitgenommen, wo es gerade um die eigene Identität ging. […]   Und sie hatte es sowas von satt mit allen diesen jüdischen Leidensgeschichten und mit dem ewigen Schmerz usw., dass sie sagte Schluss damit. Gut, sie hatte es mit mir auch satt. (LJOVA: 51)

Offensichtlich war sich nicht auf so enge ‚Familienbande' im Netzwerk vorbereitet: „Sie sagte mir, dass ich nationalistisch bin, dass ich ausländerfeindlich bin und was weiß ich noch." (LJOVA: 51)

6.1.3. ‚Ethnic Capital and Intermarriage'

Benjamin T. Philips und Sylvia Barack Fishman widmen sich in ihrer soziologischen Studie dem Thema „Ethnic Capital and Intermarriage: A Case Study of American Jews". Darin schlagen sie ein Modell der Ethnizität vor, „that integrates existing structure-centered approaches with the concepts of ethnic human and social capital in a soft rational choice framework" (Philips/Fishman 2006: 487). Ihre Konzepte des „ethnic human capital and ethnic social capital" (ebd.: 488) testen sie am Beispiel der Bereitschaft amerikanischer Juden eine Mischehe einzugehen. Religiöses

---

[71] Es handelt sich um ein handförmiges Symbol, der populärste Talisman im mittleren Osten für gutes Glück und Wohlstand.

[72] Die Rede war von Frauen, weil die meisten Interviewten Männer waren.

und ethnisches Verhalten betrachten sie als eine Wahl aus der Reihe kultureller Praktiken, die das Individuum mit einer bestimmten (gegebenen) Zugehörigkeit verbindet. Sie gehen davon aus, dass beides von der Erziehung und von Ingroup-Beziehungen beeinflusst ist. Dabei liegt der größte Unterschied zwischen religiösen und ethnischen ‚Identitätsangeboten' nicht in der Form sondern im Kontext (ebd.). Zum Konzept des Humankapitals im Vergleich zum Sozialkapital bietet James Coleman eine Definition an: „[H]uman capital is created by changes in persons that bring about skills and capabilities that make them able to act in new ways" (1988: 100). Es ist weniger greifbar als physisches Kapital, jedoch fassbarer als Sozialkapital, welches in den Beziehungen zwischen Personen existiert (ebd.). Philips und Fischman, die von einer angepassten Rational Choice Theorie ausgehen, sehen klare Parallelen zu Bourdieus Konzepten vom ‚sozialen Kapital' sowie vom ‚inkorporiertem kulturellen Kapital', das sie mit dem Humankapital gleichsetzen. Auch Bourdieus Verständnis von ‚Habitus' gleicht den sog. ‚Präferenzen' in der Humankapitaltheorie. Sie führen das Individuum zu einem Set von Verhaltensweisen und Einstellungen, die rückwirkend die Präferenzen beeinflussen.

Im Falle des ethnischen Humankapitals sprechen Philips und Fishman von einer Reihe konkreter ‚ethnischer Verhaltensweisen': „cooking ethnic dishes, speaking an ethnic language, celebrating ethnic festivals" (2006: 488). „Initially, the level of ethnic human capital depends on the environment in which the individual is raised." (ebd.: 489) Demzufolge ist das ethnische Humankapital bei den Vertretern der *dritten Generation* wenig bis gar nicht ausgeprägt. Bspw. Ljovas „Mutter konnte nur so ein paar Sätze [Jiddisch]. [...] Aber da war keine Tradition, keine Sprache, ein paar typisch jüdische Gerichte, aber nur so Hausgerichte, mehr so typisch in unserer Familie." (LJOVA: 52).

Mit dem ethnischen Sozialkapital verhält es sich anders. Damit ist nämlich „the extent and nature of an individual's ties to member of a given ethnic group" (Philips/Fishman 2006: 489) gemeint. Die essentielle Bedeutung des (ethnischen) sozialen Kapitals für das Netzwerk wurde bereits ausführlich diskutiert (Kapitel 5.2.4). Deshalb ist die ‚Kompatibilität' mit dem Netzwerk ein wichtiger, oftmals entscheidender Faktor in einer Partnerschaft. Ljova musste feststellen, (s. Zitat oben,) dass es mit einer Partnerin ohne Netzwerkbezug nicht funktioniert: „Nach solchen fünf Seminaren je drei Tage [zum Thema jüdische Identität] ist meine Freundin weggegangen" (LJOVA: 55). Dennis dagegen hat andere Prioritäten gesetzt und sich gegen die Seminare entschieden:

Früher war ich ganz oft unterwegs bei solchen Seminaren. Jetzt ist es mir zu doof sie für drei-vier Tage alleine Zuhause zu lassen. Und sie mitzunehmen ist auch doof. Deswegen lasse ich es. Die Beziehung geht vor in dem Sinne. [...] Ich würde aber vielleicht DOCH ein-zwei Mal im Jahr bei solchen Veranstaltungen dabei sein, wenn nicht die Beziehung wäre. (DENNIS: 34)

Zusammenfassend kann zu den Ergebnissen von Philips und Fishman gesagt werden, dass ethnisches Sozial- und Humankapital wichtige Einflusswerte für die PartnerInnenwahl sind. Um Gründe für Mischehen, die sie als Hauptindikator der Assimilation sehen, zu untersuchen, zählen die Autoren einige mögliche Einflussfaktoren und 15 Hypothesen auf. Diese wurden in qualitativen Interviews in 127 ganz oder zum Teil jüdischen Haushalten geprüft (2006: 496). Eine Auswahl der Hypothesen soll nun in Verbindung mit dem untersuchten Netzwerk gebracht werden.

Ethnic human capital

Konkurrierende Formen des Humankapitals, wenn das Kind bspw. in zwei Kulturen und mit zwei Religionen aufgewachsen ist, was für viele sog. ‚Halbjuden' der Fall ist, wird laut Philips und Fishman mit einer höheren Wahrscheinlichkeit mit einer Mischehe assoziiert (2006: 495) Diese These konnte anhand der geführten Interviews nicht bestätigt werden. Mangelndes ethnisches Humankapital in der Familie, ob mit zwei oder einem jüdischen Elternteil, konnte durch Einflüsse von außen (jüdische Schule, Camps, Sochnut-Workshops o.ä.) ausgeglichen werden (, wie im Fall von Ljova, Dennis oder Vladimir, siehe ‚Vorstellung der Protagonisten'). Die Interviewpartner gehen aber selbst davon aus, dass Philips und Fishman Recht haben und lassen sich in den meisten Fällen davon nicht beeindrucken:

Wenn ich eine Nichtjüdin heirate, dann ist auch die Wahrscheinlichkeit, dass meine Kinder eine Nichtjüdin heiraten ziemlich hoch. Das ist belegt. Dem will ich auch nicht widersprechen. Das bedeutet auch, dass meine Großenkel sich wahrscheinlich nicht als Juden verstehen werden. Aber sollte mir das nicht egal sein? (IGOR: 108)

Gender

Die Autoren nehmen an, dass Exogamie unter jüdischen Männern höher sein könnte, mit einem im Laufe der Zeit abnehmendem Unterschied zu Frauen (Philips/Fishman 2006: 493). Vermutlich führen sie diese Behauptung auf Statusunterschiede zurück. Trotzdem ist diese These im jüdischen Kontext nicht nachvollziehbar, denn Frauen sind aufgrund halachischer Gesetze viel weniger auf einen jüdischen Partner angewiesen. Die Reaktion der Frauen, die Dan bei einem Seminar gefragt hat, „ob es ihnen wichtig ist, dass sie einen Juden heiraten [, liegt nahe]. Es war unglaublich, die haben wirklich synchron geantwortet: „NEIN!". Da war ich doch ein bisschen sprachlos". (DAN: 134) Wie bereits erwähnt scheinen Frauen häufiger gemischte Freundeskreise zu haben und sich weniger ausschließlich im russisch-jüdischen Netzwerk zu orientieren. Es bietet sich die Vermutung an, dass sie dadurch ihre Chancen einen Partner zu finden steigern wollen bzw. es dank ihrer Flexibilität können. Es ist fraglich, ob es Männern an dieser Anpassungsfähigkeit mangelt.

Migrationserfahrung

Weiter berufen sich Philips und Fishman auf Studien, die besagen, dass je frischer die Migrationserfahrung ist, desto stärker ist das ethnische Kapital und die Wahrscheinlichkeit einen jüdischen Partner zu heiraten. Daraus folgt, dass spätere Generationen mehr zu Mischehen neigen würden. (Philips/Fishman 2006: 494) Dieser Annahme kann man auch im gegebenen Fall zustimmen. Geteilte Migrationserfahrung ist im Netzwerk ein stark verbindendes Element. Marianna nimmt im folgenden Zitat Bezug darauf. Allerdings spricht sie nicht nur von interreligiösen oder interethnischen Mischehen, sondern von der Annäherung zweier jüdischer Gruppen – den ‚deutschen' Alteingesessenen und den ‚russischen' Migranten und ihren Nachkommen:

> Maybe the next generation who are 16, 17, 18 years old today; those Jews, who were born here from Russian-speaking Jews; or who came here at small age of four, five or ten and who have spent the most time of their lives here in Germany; there is no difference for them: German-speaking or Russian-speaking. Maybe they will prefer a German-speaking, they will understand them BETTER. In the next generation we are talking about two communities coming together: German Jews, common local Jews AND children born to Russian-speaking Jewish immigrants. They are also local but they have different roots, they have immigrant roots. (MARIANNA: 71)

Alter

Eine weitere Hypothese besagt, dass eine Mischehe wahrscheinlicher ist, je älter die Partner sind. (Philips/Fishman 2006: 494) Das Alter steht auch im Zusammenhang mit Migration (s.o.) und führt dazu, dass ältere Juden dazu tendieren Jüdinnen (und v.v.) zu ehelichen (ebd.), während es für die, die zum Zeitpunkt der Migration jünger waren, weniger wichtig ist. Dies würde im Falle einer Assimilation stimmen und trifft bereits auf diejenigen zu, die sich von jüdischen Themen und Organisation entfernt haben. Dagegen vermutet Marianna, dass die kommende Generation – die Kinder der Netzwerkmitglieder – in ihrem Jüdischsein verfestigter sein wird als ihre Eltern: „Their Judaism is deeper than ours, because our Judaism is based on the remembrance from the Soviet Union, from the stories of our parents, for example how hard it was to be a Jew then etc.". (MARIANNA:

71) Demzufolge ist die genannte Hypothese nicht ohne Weiteres auf Deutschland übertragbar.

Sprache

Sprachkenntnisse spielen mit Sicherheit eine entscheidende Rolle bei der Partnerwahl (vgl. Philips/Fishman 2006: 495). Wie bereits diskutiert, ist es für die meisten Interviewpartner, die in ihrem Privatleben Russisch bevorzugen, selbst wenn sie fließend Deutsch sprechen, ein zentraler Faktor bei der PartnerInnenwahl. Mit der Kenntnis der russischen Sprache setzen sie das entsprechende kulturelle Kapital und den gemeinsamen Habitus voraus. Das erleichtert die Kommunikation und beugt Missverständnissen vor. „Momentan kann ich mir schlecht vorstellen, dass ich mit einer, die kein Russisch spricht, zusammen bin" (35), sagt Dennis. Ljova wird bei diesem Thema emotional: „Stell dir vor, wenn du mit einem deutschen Mann bist und du sollst immer alles zigmal erklären" (LJOVA: 50) Auch könnte man hier die filtrierende Funktion von entsprechend hoher Bildung bzw. ‚Niveau', um die Worte der Interviewpartner zu benutzen, anknüpfen.

Familieneinfluss

Auch der Einfluss der Eltern, deren religiöse und ethnische Ausrichtung sowie religiöse Praxis in der Familie können sich theoretisch auf die Partnerwahl auswirken (vgl. Philips/Fishman 2006: 495). In den vorliegenden Fällen war dies weitestgehend irrelevant. Der religiöse Einfluss der Familie ist im (post-)sowjetischen Kontext zu sehen, wo die Bevölkerung äußerst religionsfremd war und die jüdische Identität in der Mehrheitsgesellschaft v.a. durch den Antisemitismus hervorgebracht wurde. Vielmehr bestimmte der Besuch von jüdischen formalen und non-formalen Bildungseinrichtungen in der Kindheit die Bedeutung der jüdischen Zugehörigkeit, z.B. ‚Camps' von Sochnut alias Jewish Agency.

Dennoch bringt Ruslan eine Ambivalenz zur Sprache: „Der israelische Teil der Familie wird sich damit NIE abfinden" (RUSLAN: 69), dass er in Deutschland, dem ‚Land der Täter' lebt und offen für Frauen jeder Zugehörigkeit ist. „Was meine Mutti angeht, sie würde sich über jedes Enkelkind freuen, mittlerweile. Hauptsache gesund." (ebd.) Auch in Maxims Familie ist es die Mutter, die offener ist: Sie „ist da auch schon sehr locker gewesen. Jude – Nicht-Jude, vollkommen egal. Mein Vater war dann schon eher so ‚Jude, ja, sei stolz drauf.'" (MAXIM: 93). Trotzdem konnte sein Einfluss nicht auf den Sohn abfärben: „NEIN, es ist für mich nicht wichtig. Überhaupt nicht. Das wäre absolut Blödsinn so zu denken! Wo sind wir denn? Meine ganze Familie wurde abgeschlachtet von Leuten, die SO gedacht haben, die danach unterschieden haben, welches Blut man hat." (MAXIM: 96) Erik, der mit seiner nichtjüdischen Partnerin ein Kind hat, die jüdische Kultur dennoch „nicht erlöschen lassen" (ERIK: 83) will, berichtet Ähnliches:

> Also, meiner Mutter[73] ist es total egal. Die will nur, dass ich glücklich bin. Meinem Vater ist es schon wichtig […]. Es ist natürlich, dass ihm das andere lieber gewesen wäre, aber es ist halt nicht so. Und das muss er auch akzeptieren und er kann auch nicht erwarten, dass wenn er mich in eine multikulturelle deutsche Gesellschaft schickt oder mich da aufwachsen lässt, dass ich auf einmal wieder eine Jüdin heirate. (ERIK: 82)

Für einige Interviewpartner ist weniger die Meinung der eigenen Familie relevant, sondern der Einfluss der Familie der Partnerin auf sie. Wie gesagt befürchtet man unterschwellige antisemitische Einstellungen bei den ‚neuen' Verwandten. Außerdem geht es um die entsprechende Erziehung der Frau:

> Ich sag mal so, jüdisch/nichtjüdisch ist für mich immer noch scheißegal, ABER ich stelle immer wieder fest, die Hintergründe oder die Familie macht schon sehr viel aus. Ich habe früher immer den Satz ausgelacht „Sie kommt aus einer guten Familie". […] Mittlerweile bin ich der Meinung, dass die Familie bzw. die Werte in der Familie schon sehr viel ausmachen. (LJOVA: 55f)

Für Meron und auch für Jegor ist zudem die jüdische ‚warme' „Atmosphäre in der Familie" (MERON: 120) wichtig, so wie sie es von ihrem Zuhause kennen.

Freundeskreis

Eine größere Zahl von Freundschaften in der Outgroup (Philips/Fishman 2006: 496), also ein nichtjüdischer Freundeskreis, macht eine Mischehe wahrscheinlicher.[74] Die Zusammensetzung der Freundeskreise ist auch von der Größe und Dichte der jüdischen Bevölkerung im Land bestimmt. Da in den einzelnen deutschen Städten nur wenige junge Juden leben, sind sie überregional miteinander (online und in Reallife) vernetzt. Dadurch ist es möglich einen aktiven russisch-jüdischen Freundeskreis zu haben. Durch die ethnisch bedingte Zugehörigkeit und andere Faktoren ist allen Berechtigten Zugang zu der Gruppe sicher. Der gemeinsame Habitus und

---

[73] Bemerkenswert ist, dass es gerade die Mütter sind, die offener mit ihrem eigenen Jüdischsein und dem ihrer Nachkommen umgehen. Diese Beobachtung knüpft an die Vermutung an, dass Frauen ‚flexibler' sind und deshalb eher zu gemischten Freundeskreisen und Ehen tendieren.

[74] Dies erlaubt die Überlegung, dass wenn jüdische Frauen der *dritten Generation* häufiger Mischehen eingehen, wenn sie tatsächlich zu gemischteren Freundeskreisen neigen als Männer. Wie bereits gesagt, lässt sich diese Hypothese anhand des vorliegenden Materials nicht prüfen, ist jedoch eine interessante Frage, die sich für eine weiterführende Forschung anbietet.

die russische Sprache sind dabei deutliche Erkennungsmerkmale und entscheidende Gemeinsamkeiten. Außerdem bietet das Netzwerk eine Reihe von Ressourcen, die in anderen Gemeinschaften nicht unbedingt zu erwarten sind. Deshalb ist es für viele einfacher und zudem vorteilhafter sich diesem Freundeskreis zuzuwenden, als sich in der Mehrheitsgesellschaft neu zu orientieren und möglicherweise Ablehnung zu erfahren. Demzufolge deckt sich die These von Philips und Fishman auch im vorliegenden Fall – ein russisch(sprachig)-jüdischer Freundeskreis, also die Mitgliedschaft im Netzwerk, ist ein Indiz für die Präferenz einer jüdischen und russischsprachigen Lebenspartnerin.

6.2. Frau fürs Leben – jüdisch und russischsprachig

Nach der Betrachtung möglicher Einflussfaktoren auf die PartnerInnenwahl, die die Soziologie und Sozialpsychologie bieten, sollen nun mögliche Gründe für die Präferenz der Netzwerkmitglieder aus jüdischen Quellen betrachtet werden. Zu Beginn kommt Marianna als Sponsorin und Koordinatorin des Netzwerks zu Wort. Daraufhin wird der Ratgeber von Doron Kornbluth „Why Marry Jewish?" kritisch betrachtet und in Bezug zum Netzwerk gesetzt. Weiter rückt die besondere Rolle der Frau im Judentum und allgemein in (matrilinearen) Nationalstrukturen in den Mittelpunkt. Zum Schluss gilt es zu diskutieren, ob – angesichts der begrenzten Netzwerkgröße und des damit verbundenen Mangels an potentiellen PartnerInnen – Kompromisse (un)möglich sind.

6.2.1. Gründe – ‚Why Marry Jewish?'

Es wurde bereits gesagt, dass der Wunsch eine jüdische und russischsprachige Partnerin zu finden bei vielen männlichen Netzwerkmitgliedern unerfüllt zu bleiben droht. Es stellt sich die Frage, wie dieser Wunsch zustande kommt und weshalb diese Männer an ihm festhalten. Einige mögliche Gründe aus der wissenschaftlichen Perspektive wurden bereits genannt. Interessant sind aber auch die Stimmen aus jüdischen Kreisen.

Mariannas Thesen

Marianna, die im Namen der Jewish Agency for Israel die Stärkung des Zusammenhalts junger Juden in Deutschland zur Aufgabe hat, gibt Erklärungen für die Präferenz Beziehungen bzw. Ehen nur untereinander einzugehen: „I am coming from social science and political science. All the time I give three explanations". (MARIANNA: 72)

„The first explanation I see for this is the strong background from home and/or from the community or any organization, that is the environment that he is in." (ebd.) Dabei meint sie weniger die jetzige Umgebung, sondern die, die die Menschen im Alter von 13 bis 19 Jahren beeinflusst hat. Sie sagt, in diesen Jahren ist man besonders empfänglich für Richtungsweisungen bezüglich der Partnerwahl, ob von der Familie, von der jüdischen Gemeinde oder Schule, oder durch Sochnut-Seminare. Für viele Netzwerkmitglieder sind das prägende Faktoren. Marianna, die im engen Kontakt mit vielen Vertretern der *dritten Generation* ist, und zuvor in Israel mit ähnlichen Fragen konfrontiert war, berichtet von möglichen Einflusskonstellationen:

> Even he is not a pure Jew for example, but he was told by his parents: 'We made a mistake. We didn't know that we need to marry a Jew. BUT you have a CHANCE. So you can choose by Halacha.' Or he is a Jewish boy by mum. And he was told all the time in his Jewish school that he needs to find a Jewish girl, otherwise his children won't be Jewish. Unbelievable, but this kind of stuff has influence on the mind of 36-years-old men. (MARIANNA: 72)

Die zweite Erklärung trifft auf Menschen zu, die eigene starke Überzeugungen haben. „The fear of disappearance of their family, of their roots, of their tradition, of the tradition of the whole family" (MARIANNA: 72) ist ihr Antrieb für die Suche nach einer jüdischen Partnerin. Wie bei der Diskussion von der Studie von Chinitz und Brown zur Stabilität von jüdischen Mischehen angesprochen, trifft diese Aussage auf die interviewten Netzwerkmitglieder nicht wirklich zu. Dennoch wurden volks- bzw. familienerhaltenden Tendenzen bei Erik und v.a. bei Jegor deutlich. Angesichts von Mariannas Erfahrung, bietet sich die Annahme an, dass diese Motivation für Endogamie häufiger vorkommt.

Der dritte Grund ist die Rolle der jeweiligen Person innerhalb der Gemeinschaft. „It is very interesting WHO he is in the Jewish community. If he is involved in the Jewish life, if it is very important for his business to be a Jew, how COULD he, how dare he to bring a non-Jewish wife to his life." (MARIANNA: 72). Diesbezüglich spricht Marianna von Vertretern des Netzwerks, die wie Jegor eine offizielle Position in einer jüdischen Organisation innehaben – in seinem Fall ist es das European Jewish Parliament.

Als Vertreterin der Jewish Agency steht Marinna nun vor einer fast unlösbaren Herausforderung: „We need fresh blood, you know. And we are trying to find new sources, new resources for the Jewish-German community. It's really unbelievable and almost impossible." (71) Also müssen die Suchenden ihr Glück selbst in die Hand nehmen. Dazu greifen manche zu unkonventionellen Methoden, wie bspw. Dan mit seinem

Online-Gesuch. Auch die jüdische Online-Partnerbörse jewish-singles.de wie auch die jüdische Heiratsvermittlung, die Dan für Wucher hält, konnten ihm und seinen ‚Leidensgenossen' nicht weiterhelfen. Wenn die Hoffnung eine jüdische Partnerin zu finden schwindet, hilft der Rat eines Rabbiners oder eines Ratgebers.

Doron Kornbluths Ratgeber

Der Autor, der Jegor davon abhalten konnte vom „richtigen Weg" abzukommen, wie er selbst sagt, ist Doron Kornbluth mit seinem Bestseller-Ratgeber „Why Marry Jewish?". Wie der Titel verspricht, bietet er in seinem Buch auf ca. 150 Seiten „Surprising Reasons For Jews To Marry Jews" (Kornbluth 2003). Der Autor leistet Überzeugungsarbeit für jüdische Singles, die mit dem Gedanken an eine Mischehe spielen.[75] Auch will er Nichtjuden, die Juden ‚daten', die Augen für interethnische und interreligiöse Konflikte öffnen, auf die sie unausweichlich zusteuern.

Dementsprechend trägt der erste Teil seines Ratgebers den Titel „Don't Care? Read This" (ebd.: 16). Und Abschnitte wie „Yeah, but I REALLY Don't Care" (Kornbluth 2003: 22) greifen die Gegenargumente der Leser voraus. Der Autor antwortet ihnen, dass sie lediglich jetzt in ihren jungen Jahren noch nicht begreifen, wie tief ihre jüdischen Gefühle eigentlich verwurzelt sind. „[T]wenty-something Jews […] just happen to be at what is statistically the lowest point of Jewish involvement in their lives.76 […] They don't realize that their perspectives are likely to change." (ebd.: 32) Am Beispiel von Erik hat sich gezeigt, dass die bevorstehende Vaterschaft ihn plötzlich vor die Frage nach der Bedeutung des Judentums in seinem

---

[75] Auf der Homepage des Verfassers heißt es zudem: „Doron's popular 'Jewish Identity Newsletter' is helping thousands stay Jewish".
(Quelle: <www.doronkornbluth.com>. Stand: 20.06.2013)

[76] Valeria von Machlevski (2007) fasst in ihrem Artikel „Wer suchet, der findet" Kornbluths Konzept der ‚religious involvement timeline' zusammen. Es basiert auf der Überlegung, dass der „Grad der Eingebundenheit in religiöse Aktivität" (ebd.) sich ja nach Lebensphase verändert.

„Im Judentum ist sie während der Kindheit und Jugend, besonders zum Zeitpunkt der Bar Mizwa oder Bat Mizwa, stark. Nach der engagierten Jugendzeit folgt die Flaute. So zeigen jüdische Studenten in Amerika während ihrer Zwanziger nur wenig Glaubenseifer. Lediglich 10 Prozent nehmen an jüdischen Veranstaltungen teil. In den 30ern bringen Geburt der eigenen Kinder und erste Konfrontationen mit dem Verlust Nahestehender die Menschen wieder näher zu Gott. Wann jedoch trifft man mit höchster Wahrscheinlichkeit seinen Lebenspartner? Fatale Ironie – eben während der nachlässigen Jahre zwischen 20 und 30, in denen man mit Studium, Karriereaufbau, mit Reisen und Spaß stark abgelenkt ist." (Machlevski 2007)

Leben und im Leben seines Kindes stellte: „... wo ich jetzt Nachwuchs bekomme. Das war auf jeden Fall so ein Punkt, wo mir das schon wichtig war irgendwie, wo ich auch überlegt habe, was ich für mein Kind will" (ERIK: 76). Dies unterstützt Kornbluths Behauptung, dass der Bezug zum Judentum sich vor allem in der Phase der Familiengründung verstärken kann. Allerdings konnte Erik mit seiner Partnerin einen für beide zufriedenstellenden Mittelweg finden – auch ohne Konversion, was Kornbluths These schwächt.

Die Seite Jüdische.INFO von Chabad-Lubawitsch, einer weltweiten jüdischen Organisation, erklärt „Warum Rabbiner vom Übertritt abraten?" mit einer Begründung, die Kornbluths Argument entspricht: „Ein Jude hat eine angeborene Neigung zum Judentum, - nur ist sie manchmal sehr versteckt"[77] (Moss 2013). Verantwortlich für die häufig langjährige ‚Verblendung' macht Kornbluth in erster Linie „[m]ass entertainment and info-tainment [which] have succeeded in creating a unified modern identity" (ebd.: 23). Der Rückgriff auf diverse Statistiken und Forschungsergebnisse (u.a. die oben genannten Studien) verleihen Kornbluths Argumentation akademische Seriosität. Allerdings geht er damit sehr selektiv um, um seine Thesen zu stützen. Zudem untermauert Kornbluth seine Argumente mit Beispielen aus dem Alten und Neuen Testament, aber auch mit jüdischen Persönlichkeiten aus dem letzten und vorletzten Jahrhundert. „Considering the new acceptance of intermarriage, we need to ask ourselves: was all of Jewish history and thought wrong?" (ebd.: 12)

Das größte Problem sieht Kornbluth darin, dass Mischehen zur Normalität geworden sind. Deshalb nimmt er großzügigen Abstand von Kritik an seiner potentiellen Leserschaft: „I don't blame you for being open to intermarriage" (ebd.: 11). Seine Aufgabe sieht der Autor darin zu warnen und aufzuklären, nicht zu urteilen. Auch Paul Golin vom New Yorker Jewish Outreach Institute hat sich zum Ziel gesetzt „Juden zu erreichen, die sich wenig oder gar nicht mit dem Judentum identifizieren" (Machlevski 2007). Anders als Kornbluth findet er aber, dass es „unzeitgemäß [sei] , die Mischehe zu verteufeln, […], im Gegenteil habe man die moralische und demographische Verpflichtung, diese anzuerkennen. Mischehe sei nicht das Ende jüdischen Fortbestehens, sondern eine fehlende jüdische Erziehung der Kinder." (Machlevski 2007) Kornbluth würde dem entgegnen, dass

---

[77] Dieser darwinistisch angehauchte Ansatz ist eine Grundthese im jüdischen Glauben und ermöglicht jüdischen ‚Abtrünnigen' eine unbefristete Rückkehr zu ihren Wurzeln. Wie Meron sagte: „Du hast eine Flatrate. Du kannst kommen und gehen wann du willst." (MERON: 126)

gerade die interreligiöse Ehe das Haupthindernis für eine jüdische Kindererziehung in einer sowieso nicht jüdischen Umgebung ist. Zudem behauptet er: „Children of intermarriage are far less likely to grow up with confidence and self-esteem" (Kornbluth 2003: 138). „Furthermore, when both parents are Jewish, children are more likely to feel rooted and stable in an increasingly unstable world, and a family's Jewishness is much more likely to be passed on to future generations." (ebd.: Klappentext)

Weiter kritisiert Kornbluth, dass Juden, die ausdrücklich gegen Mischehen sind, als „backwards or racist" (Kornbluth 2003: 11) gesehen werden. Der Frage „Are We Racist?" (ebd.: 108) widmet er ein ganzes Kapitel und spricht wieder seinen Lesern ‚aus der Seele': „[D]o we Jews think that we are better than other people?" (ebd.: 109). Theoretisch gesehen geht es hier um eine Legitimierung des Ingroup Favoritism-Konzepts. Um jede Überlegenheitsdarstellung zu umgehen bietet Kornbluth eine Rassismus-Definition an: „Racism does not refer to distinguishing *among* [sic] peoples, since we have many interesting and wonderful differences. Racism refers to discrimination *against* [sic] people because of their backgrounds." (ebd.: 111) Demzufolge ist es nicht rassistisch als Volk überleben zu wollen, sondern nobel. (ebd.) Auch in den geführten Interviews ist die Frage, ob Juden ‚besser' seien, zur Sprache gekommen. Während einige Teilnehmer des Seminars in Köln der Aussage teilweise zustimmen würden, vor allem im Kreise ihresgleichen, ist Maxim anderer Ansicht: „Es IST wirklich ein Blödsinn. Peter ist ja nicht ein besserer oder schlechterer Freund als meine ganzen Kumpels, WEIL er Jude ist." (MAXIM: 93) Allerdings würde er sich außerhalb des Netzwerks verorten.

Wie die meisten Interviewpartner, vermeidet es Kornbluth klar zu definieren, ob er Juden als Kultur, als Volk, als Ethnie, als Nation oder als Religionsgemeinschaft versteht. Stattdessen greift er je nach Kontext zu verschiedenen Kategorien. Häufig ist die Rede von „one's culture and heritage" (Kornbluth 2003: 28) und von „deep Jewish feeling" (ebd.: 32). Hauptsächlich zieht er das Judentum als Religion heran, die angeboren oder durch Konversion angeeignet[78] ist und von Menschen kaum praktiziert wird, da die meisten nicht religiös sind. „Survey after survey indicates that roughly half of the 5,5 million Jews in America today don't even identify their religion as ‚Judaism' at all and instead choose ‚no religion' or ‚other religion'." (ebd.: 17)[79] Auch bei der Berliner Umfrage (2002) zeigte sich, dass „ein erheblicher Mitgliederanteil den religiösen Traditionen skeptisch

---

[78] Hier wird deutlich, dass liberale Rabbiner in den USA eine unorthodoxe Konversion ermöglichen, was in Deutschland nicht der Fall ist.

[79] Hierbei bezieht sich der Autor auf die „Jewish Identity Survey of 2001" (ebd.).

oder ablehnend gegenübersteht oder/und sich nicht (mehr) [sic] religiös definiert" (Kessler 2003d). Durch seine Argumentationsweise setzt Kornbluth das Jüdischsein auch mit einem Nationalbewusstsein gleich. Am deutlichsten wird es an diesem Beispiel: „My Italian-American neighbor isn't worried about Italian-ness leaving his family, why should I be considered about Jewish-ness leaving my family?" (ebd.: 152) ‚Italienisch' oder ‚jüdisch' sind plötzlich benachbarte Kategorien, die sich auf die Herkunft, also auf die Vergangenheit beziehen, die in die Zukunft an den Nachwuchs vererbt werden soll.

6.2.2. Frauen – Mütter der Nation

Wie bereits beschrieben, ist die Sorge um das Fortbestehen des jüdischen Volkes bei den Interviewpartnern begrenzt. Igor vertritt diesbezüglich eine gemäßigte Meinung, die viele Netzwerkmitglieder mit ihm teilen würden:

> Ich gehe davon aus, dass ich mit einer Jüdin, Halbjüdin oder wie auch immer, glücklich werde. Und wenn meine Kinder meinen, sie heiraten eine Vietnamesin… wenn sie glücklich sind?! Soll ich dann sagen: ‚Kinder, überlegt was mit dem jüdischen Volk in 2000 Jahren geschieht?' […] Ich gebe ihnen die MÖGLICHKEIT; ich erkläre das; dann können sie ihre freie Wahl treffen. DAS finde ich richtig. (IGOR: 109)

Zwischen diesen Zeilen, wie auch in den geführten Gesprächen, wurde deutlich, dass viele Interviewpartner, so wie Igor, sich in Toleranz üben, und dennoch den Wunsch hegen, dass ihr Nachwuchs sich für das Jüdische entscheidet. Igors Überlegungen wirken wie eine Vorsichtsmaßnahme für den unerwünschten Fall.

Aus Doron Kornbluths Ratgeber-Perspektive gesehen, nimmt sich Igor aus der Verantwortung raus, wenn er seinen Einfluss auf die jüdische Erziehung der Kinder anzweifelt. Auch spricht er sich von der an ihn gestellten Erwartung, eine jüdische Mutter für seine zukünftigen Kinder zu finden, ab:

> Meine Kinder werden sowieso jüdisch sein, unabhängig davon, was ihre Mutter ist. Ich habe es schon angesprochen, dass ich es falsch finde, dass es immer nach der Mutter gehalten wird. […] Sie werden wissen, dass sie Juden sind. Was sie damit anfangen, das ist schon ihre Sache. (IGOR: 104)

Hier spricht er aus eigener Erfahrung: aufgewachsen in einem ‚atheistischen' Haus hat er bis heute nur ein begrenztes Interesse an jüdisch-religiösen Themen. Dennoch war er sich immer seines Jüdischseins bewusst und ist bis heute aktiv in jüdischen Organisationen. Genau wie Igor findet Ljova, der einen ähnlichen ‚unreligiösen' Hintergrund hat, dass nicht beide Elternteile jüdisch sein müssen. Falls er mit einer Nichtjüdin eine Familie gründet, dann „wäre es eine super Gelegenheit für die Kinder zu LERNEN ihr Gehirn einzuschalten und zu analysieren. […] Ich habe das in meiner

Familie genau so gehabt. Einmal das Ukrainische, einmal, wie auch immer, das Jüdische." (LJOVA: 57) Und dennoch bekennt er sich mehr zu seinen jüdischen als zu seinen ukrainischen Wurzeln.

Spannend in diesem Zusammenhang ist die Betrachtung der biologisch „reproduktiven Rollen von Frauen in ethnischen und nationalen Diskursen" (Yuval-Davis 2001: 49), die Nira Yuval-Davis untersucht. Diese Frauenrollen werden zentral, wenn der „'gemeinsame Ursprung' als Organisationsprinzip der Nationen" (ebd.: 50) der entscheidende Faktor ist, so wie bei Juden.[80] Gerade am Beispiel der Juden in Deutschland wird deutlich, dass, aufgrund von Migration, Menschen sich nach einem biologisch-ethnischen Merkmal zusammengefunden haben, die sonst vielleicht nicht zusammenkommen würden. Der Grund dafür war die „Erneuerung des Judentums in Deutschland" (Gemeinhardt 2010: 60), also der angestrebte Wachstum jüdischer Gemeinschaft. „[T]he future of the nation is seen to depend on its continuous growth. Sometimes this growth can be based also on immigration. At other times, it depends almost exclusively on the reproductive powers of women" (Yuval-Davis 1996: 18). Weiter betont die Autorin, dass „usually, if not always, in the sex/gender systems in their societies men are dominant" (ebd.: 22). Dennoch wird die männliche Dominanz (von den im Seminar angesprochenen Frauen) nur bedingt als negativ wahrgenommen. Frauen finden, dass auch ihnen eine einflussreiche Position zukommt. Insgesamt scheint die Rollenverteilung für beide Geschlechter im Netzwerk ausgehandelt und unhinterfragt zu sein. Trotzdem hat Yuval-Davis mit ihrer Behauptung Recht. In vielen Interviews mit Ingroup-Vertretern kommen patriarchalische Vorstellungen zu Tage. Diese Interviewpartner betonten, dass es ihnen bei der Partnerinnenwahl um die Suche nach der zukünftigen Mutter ihrer Kinder geht, die sie im Sinne ihres Mannes erzieht.

> Und vor allem geht es mir darum, ich suche die richtige Mutter, dass sie die Kinder so erzieht, wie ich es gerne hätte. Weil die Erziehung läuft ja über die Mutter zum größten Teil. Und ich suche natürlich etwas Ähnliches, wo ich die Frau einschätze, dass sie sie halt im meinem Sinne, oder so wie ich es gewohnt bin, erzieht. Weil sonst sind mir die Kinder FREMD. (MERON: 120)

---

[80] Das Prinzip des Ursprungsmythos kommt häufig vor, ist aber nicht die Regel. Bspw. in Australien ist das „gemeinsame Schicksal" für die Gemeinschaft grundlegender als der „gemeinsame Ursprung" (Yuval-Davis 2001: 49). Allerdings ist dies mit der jüdischen Geschichte nicht vergleichbar, denn in Australien leben von Beginn an mehrere ethnische Gruppen innerhalb gemeinsamer Staatsgrenzen zusammen. Andererseits gibt es auch bei Juden viele ‚Volksgruppen', die sich in ihrer Tradition und Herkunft voneinander unterscheiden und sich dennoch durch Matrilinearität als Gemeinschaft definieren (sollen).

Ljova sieht es genauso:

> Wenn diese Frau die Mutter meiner Kinder sein wird, sie kann den Kindern nur das beibringen, worauf sie selber Wert legt. Ich als Vater werde zwangsmäßig weniger Kommunikation, weniger Bezug zu den Kindern haben als die Mutter. Und wenn ich die Kinder nach 30 Jahren so sehen möchte, wie ich selber bin oder wie ich mich idealerweise vorstellen würde, dann ist das auch nicht nur meine Aufgabe, sondern die Aufgabe der Mutter. (LJOVA: 56)

Diese Überlegungen sind deutlich von den in der Sowjetunion geprägten Geschlechterrollen dominiert, die den Mann als den viel arbeitenden Ernährer der Familie voraussetzen. Wowa macht den Wunsch nach klarer Rollenverteilung und seine Betrachtung des Mannes als „Kopf der Familie" deutlich:

> Naja, ich bin nicht sooo für die Emanzipation, aber trotzdem, wenn […] die Frau arbeiten will aus irgendeinem Grund, weil es für sie interessant ist, weil... keine Ahnung. Ich finde es wichtig, dass ich mehr verdiene als sie. Wenn die Frau mehr verdient, dann verschieben sich auch die Rollen in der Familie. Es ist dann schon schwierig der Kopf der Familie zu sein, wenn man nicht genug Mittel zum Unterhalt der Familie hat, als Mann. (WOWA: 44)

Nichtsdestotrotz kommt jüdischen Müttern hohe Wertschätzung zu. Wowas Mutter war alleinerziehend und hat sich gegen eine neue Partnerschaft entschieden: „Wollte sie auch nicht. Das ist eine jüdische Mutter, ja!? Sie opfert sich für ihre Kinder" (WOWA: 41). Ein jüdisches Sprichwort besagt: „Gott kann nicht überall sein, und deshalb schuf er Mütter" (Herwig 1994: XI). Rachel Monika Herweg widmet sich in ihrem Buch „Die jüdische Mutter. Das verborgene Matriarchat" der Rolle der Frau in der jüdischen Tradition anhand religiöser, literarischer und soziologischer Quellen. Amerikanische Studien (Bart in Herweg 1994: 197), die sie heranzieht, bestätigen den Stereotyp jüdischer „Frauen mit osteuropäischem Hintergrund" (Herweg 1994: 197), die sich überproportional ihrer traditionell hoch bewerteten Mutterrolle widmen. Solche Frauen „empfanden ihre Kinder als zerbrechliche, schutzbedürftige Wesen, die es – selbst noch als Erwachsene – emsig zu umsorgen galt" (ebd.). „Durch den Wandel von Groß- und Kleinfamilie konnte sich die jüdische Mutter […] stärker dem einzelnen Kind widmen, wodurch die traditionell tiefe emotionale Bindung zwischen jüdischen Müttern und ihren Kindern noch intensiviert wurde." (ebd.)[81]

Die Mütter sind also in der jüdischen Tradition und in der Sichtweise der Interviewpartner die Hauptverantwortlichen für die Kindererziehung. Hier

---

[81] Dieses selbstlose Übermutterdasein verursachte auch eine Reihe von negativen Klischees in nichtjüdischen Kreisen.

zeigt sich ein Widerspruch: Kann eine nichtjüdische Mutter die von den Interviewpartnern (indirekt) erwünschte jüdische Erziehung leisten? Meron würde dies anzweifeln: „Klar, nicht nur die jüdischen Mütter machen sich Sorgen. Die anderen Mütter machen sich auch Sorgen um ihre Kinder. Aber es kommt anders rüber, es kommt kälter rüber. Es ist anders." (MERON: 120) Auch Igor möchte eigentlich eine jüdische Frau:

> Der gemeinsame kulturelle Hintergrund, gemeinsame Witze – über Nicht-Juden [grinst]; eine Sicherheit, dass du keine Antisemiten in deinem Familienkreis hast… Das sind schon die Vorteile, wenn du eine Jüdin heiratest. […] Also für mich. Aber für die Kinder… [zuckt mit den Schultern] (IGOR: 109)

Man kann sagen, dass die Netzwerkmitglieder tatsächlich den Wunsch hegen ihre jüdische Identität ihre Kinder zu vererben. Demzufolge müsste die Mutter ihrer Kinder jüdisch sein. So kann sie dem Nachwuchs nach dem jüdischen Gesetz und auch durch die Erziehung das entsprechende kulturelle Kapital vermitteln. Nun könnte mal schlussfolgern, dass die Interviewpartner aufgrund des Mangels an potentiellen jüdischen Ehefrauen die Meinung angenommen haben, dass dies auch mit einer nichtjüdischen Frau möglich wäre. Die Matrilinearität nach der Halacha wird angezweifelt und die Bedeutung der jüdischen Erziehung, die man selbst auch nicht hatte, wird als unwichtig angesehen. Schließlich werden die Kinder „es zwangsläufig mitbekommen. Egal, ob die Eltern das erzählen oder nicht, irgendwelche Bräuche, irgendwelche Scherze, irgendwelche Traditionen in der Familie […]. Grundsätzlich reinpferchen, keinesfalls." (LJOVA: 56)

6.2.3. Kompromisse (un)möglich

In dem Allerlei an Vorstellungen von der zukünftigen Frau kristallisierte sich für Netzwerkmitglieder eine Präferenz für eine russischsprachige Jüdin heraus. Dennoch wirkten die Interviewpartner, abgesehen von Jegor, für den nur Jüdinnen in Frage kommen, teilweise unentschlossen und machtlos. Sie schienen in Erwartung eines schicksalsträchtigen Zufalls zu sein, der ihnen ‚die Richtige‘, wie auch immer sie sein wird, an die Seite stellt. Die meisten Interviews standen im Lichte der Überzeugung, dass man sich zwar auf die Suche begeben könne, aber schlussendlich keinen Einfluss auf die PartnerInnenwahl habe. Also verlässt man sich auf das Schicksal und hofft, dass man sich in ‚die Richtige‘ verliebt. „Ich glaube verdammt an die Liebe!", sagte Ljova (58). „Ich habe es versucht mit Kalkül zu leben. Geht nicht." (ebd.)

Doch was passiert, wenn man jemanden liebt, der oder die nicht jüdisch ist, so wie es Erik, Maxim oder Dennis ergeht? Kornbluths Meinung nach ist man dann viel mehr damit beschäftigt Kompromisse zu schließen, als die eigenen jüdischen Bedürfnisse auszuleben (Kornbluth 2003: 128). Ja, auch

Kornbluth glaubt an die großen Gefühle, doch sollte man sich rechtzeitig bemühen nicht in die missliche Lage zu kommen sich in die ‚falsche' Person zu verlieben (ebd.: 129). „With a little bit of planning, we can indeed set the stage so that when that special person comes along, he or she will be Jewish." (ebd.) Um die Chancen zu erhöhen, schlägt Kornbluth vor die eigenen ‚weak ties' einzusetzen, also entfernte Bekannte, Verwandte zu bemühen oder einen traditionellen ‚Shadchan', einen jüdischen Partnervermittler einzuschalten[82].

Die nächste Frage, die sich stellt, ist: Was passiert mit der Einstellung und den Erwartungen der Männer, wenn alle Versuche eine russischsprachige jüdische Partnerin zu finden ohne Erfolg blieben? Dan blickt enttäuscht auf die letzten Jahre zurück: „Ich träume zwar den Traum, habe aber die Hoffnung aufgegeben. […] Ich hätte schon parallel ein Studium abschließen können, so viel Zeit habe ich investiert. Und ich habe keine Kraft mehr." (DAN: 137) Auch Meron hat viel Zeit im Netzwerk verbracht und dennoch keine Frau fürs Leben gefunden. Dennoch gibt er die Hoffnung nicht auf und sucht nach Lösungswegen: „Man muss halt an die rankommen, die in dieser Szene noch nicht bekannt sind. Über irgendwelche Bekannte von der Seite… Oder wenn es ihnen als Geheimtipp erzählt wurde und sie zu schüchtern sind, oder…" (MERON: 119) Doch im nächsten Satz wird klar, dass die Erfolgsaussichten gering sind: „Es gibt Leute, wenige, die die Szene nicht kennen" (ebd.). Auch er weiß, die Hoffnung auf Neuzugang ist nicht mehr als „Theorie. Aber was soll ich machen?", sagt Meron ratlos (ebd.).

Für Außenstehende scheint eine zunehmende Bereitschaft Kompromisse einzugehen die logische Schlussfolgerung zu sein. Doch sind die Netzwerkmitglieder bereit dazu? Marianna sagt ja: „Some of them are finding someone abroad and not within the community. Maybe German, maybe Russian… Or they try to find someone Jewish on facebook or through the internet. Depends on their own Jewish identity." (MARIANNA: 72) Die Tendenz zur Neuorientierung wurde auch bei den Interviewpartnern deutlich. Manche sind auf den ersten Blick weniger auf eine russisch-jüdische Partnerin festgelegt. Ruslan z.B. behauptet der Erste in der Familie zu sein, der auf das Jüdische bei seiner Freundin keinen Wert legen würde. Er findet, dass das gegenseitige Verständnis „mit der Herkunft nichts zu tun [hat] […]. Das ist persönlich" (RUSLAN: 69) Dennoch scheint das

---

[82] In Deutschland gibt es eine jüdische Partnervermittlung ‚Simantov', die weltweit tätig ist und über die vielmals in den Medien berichtet wurde. Von den Interviewpartnern war Dan der einzige, der sich an sie gewandt hat. Leider wurde er von den – seiner Meinung nach irrelevanten – Fragebogen, wie auch von den hohen Vermittlungskosten abgeschreckt.

‚Persönliche' und die Herkunft der Frau untrennbar verknüpft zu sein. Schließlich macht Ruslan nach wie vor „mächtig in dem Club" (ebd.: 68) mit und findet wichtig, dass seine Partnerin das russisch-jüdische kulturelle Kapital teilt. Auch Ljova versucht sich durch die Herkunft der Frau nicht eingrenzen zu lassen. Er sagt: „jüdisch/nichtjüdisch ist für mich immer noch scheißegal, ABER..." (LJOVA: 55) eine Jüdin wäre wohl ‚besser'. Das Aber ist das Entscheidende hier, das viele daran hindert die ‚Grenzen zu öffnen'. Meron z.b. hat es versucht außerhalb der Netzwerkgrenzen zu suchen und musste feststellen, „wenns nicht passt zum Leben. Was hab ich davon?" (MERON: 119). Doch möglicherweise machen es sich die Interviewpartner zu einfach: Fehlende Interesse sich mit anderen Traditionen und Religionen, (konkret mit dem Christentum,) zu beschäftigen, wurde bereits in der Studie von Chinitz und Brown zu ‚Same-Faith and Interfaith Jewish Marriages' diskutiert.

> Ich stelle immer wieder fest, mit den Deutschen klappt es nicht. Mit Amerikanerinnen, mit Italienerinnen klappt es einigermaßen. Wobei es gerade bei Italienern, wie ich jetzt im Sommer die Erfahrung gemacht, am Anfang liefs, dann ist es wiederrum auf diese kulturellen Unterschiede gestoßen. Das Mädchen war streng katholisch, also gläubig katholisch. [...] Mich interessierte es gar nicht. (LJOVA: 56)

Gemeinsamer Hintergrund, geteilte Interessen, gleiche Wertvorstellungen, ein gemeinsamer Freundeskreis – das sind nur einige der vielen Gründe, die bei den Interviewpartnern für eine ‚russische Jüdin' sprechen. Allerdings würde es vielen auch nicht genügen, wenn die Partnerin sich selbst für das Jüdische interessiert (und womöglich am Netzwerk teilnimmt), ohne jüdisch zu sein. Mit einem leicht abwertenden Unterton merkt Meron an: „Es gibt auch genügend Mädchen, die sich freiwillig sehr dafür interessieren. Ich weiß schon meistens wer was ist. Du würdest dich wundern, sehr viele sind eigentlich teilweise nichtjüdisch!" (MERON: 120) Um am Netzwerk uneingeschränkt teilnehmen zu können, versuchen sie ihr ‚Makel' des nicht regelkonformen Jüdischseins geheim zu halten. Da es den Netzwerkmitgliedern (im Zentrum) wie ein ‚Betrug' erscheint, kommt eine solche Partnerin seltener in die engere Wahl. Zum Beispiel für Jegor war es immer klar, dass es für ihn keine Zukunft mit einer Nichtjüdin gibt. Dennoch hat er sich auf ein solches Verhältnis eingelassen. Als die Beziehung ernster wurde und Gefühle sich entwickelten, sah er sich gezwungen einen Schlussstrich zu ziehen. Die Zuneigung und das Russische waren gegeben, dennoch war das Jüdische für Jegor unverzichtbar.[83]

---

[83] Wohlgemerkt ist er in der Übersicht der Interviewpartner in der oberen rechten ‚Spitzenposition' zu finden.

Theoretisch würden auch israelische Jüdinnen, häufig auch russischsprachig sind und Migrationserfahrung haben, als Partnerinnen in Frage kommen. Doch praktisch passt man absolut nicht zusammen. Dan, der gleichzeitig so viele Sympathien für das Heilige Land hegt, distanzieren sich sogar von den Frauen dort. „Ich hatte bereits eine Fernbeziehung mit einer Israelin geführt. Unabhängig von ihr, sind die israelischen Frauen, ja das ganze Land leicht unzivilisiert. Nicht falsch verstehen, denn ich liebe Israel, doch es ist leider so." (DAN: 156) Im Interview wird er konkreter: „Das ist Orient! [empört, mit einem Lächeln] [...] Auch wenn es Akademiker sind, die feilen sich die Nägel am Esstisch, während ein anderer isst und laufen mit den Füßen schleifend und was weiß ich..." (DAN: 133) Die Idee der „European superiority over Oriental backwardness" (Said 2003: 7) ist der klassische Orientalismus, wie Edward Said ihn beschreibt[84]. Auch für Meron ist die Inkompatibilität mit Israelinnen eindeutig:

In Frage kommen natürlich nur die mit russischem Hintergrund. [Und selbst] die sind natürlich da groß geworden, so wie wir hier groß geworden sind. [...]Weil dieses typische Israelische, das ist auch nicht unbedingt mit Europa kombinierbar. Manche von ihnen sind sehr patriotisch. In Deutschland kommt das gar nicht in Frage. Und die, die etwas mehr Verstand haben, die wollen natürlich raus aus Israel, um jeden Preis. (MERON: 118)

Ebenfalls bei Frauen, die noch in der ehemaligen Sowjetunion leben, sieht Meron „ein sehr großes Risiko. [...] Man ist für sie wie eine Freifahrt in ein vernünftiges Leben. Sie wollen alle da raus um jeden Preis und sind bereit jeden zu heiraten, um rauszukommen." (ebd.: 122) Offensichtlich befürchtet Meron, der beruflich und finanziell gut aufgestellt ist, ausgenutzt zu werden. Auch möchte er wegen einer Frau nicht nochmal auswandern müssen: „Nein, ich will natürlich hier nicht weg. [...] Wenn, dann hier." (ebd.: 118)

Letzten Endes sollte ‚Diejenige' für die Männer im Kern des Netzwerks doch ‚eine von Ihnen sein', zumindest in ihrer Wunschvorstellung. „Viele präferieren das, unbedingt. Nochmal, es ist eine dicke Kulturschicht, die mit dir persönlich verbunden ist. Und manche finden das wichtig." (RUSLAN: 66) Demzufolge sind Kompromisse in Liebesdingen keine sinnvolle

---

[84] Bemerkenswert an diese Stelle ist der Orientalismus zwischen jüdischen Gruppen innerhalb von Israel (aschkenasische, sephardische u.a. Juden). Dieses Thema wurde behandelt von Khazzoom, Aziza (2003): The Great Chain of Orientalism: Jewish Identity, Stigma Management, and Ethnic Exclusion in Israel. In: *American Sociological Review*, Vol. 68: 4 und von Kalmar, Ivan Davidson / Penslar, Derek J. (eds.) (2005): *Orientalism and the Jews*. Hanover, NH: University Press of New England.

Lösung. Nach langer erfolgloser Suche lässt man sich auf sie ein, nimmt die konkreten Erwartungen zurück. Doch die Erfahrung der Männer zeigt, dass selbst wenn sie über den eigenen Schatten springen, die Beziehungen schlußendlich an unterschiedlichen Interessen, Vorstellungen und Hintergründen scheitern. Das Netzwerk und russisch-jüdische Themen sind in ihrem Leben so präsent, dass sie praktisch nicht in der Lage sind sich auf Interessen einer nichtjüdischen Partnerin einzulassen.

Für diejenigen, die außerhalb des Netzwerks sind, besteht das Problem nicht in dem Ausmaß. Die einen akzeptieren das schlechte Gewissen gegenüber dem jüdischen Volk und der eigenen Familie, falls sie überhaupt dementsprechende Erwartungen hatte:

> Ich hätte sehr gerne mit einer russischen Jüdin eine Beziehung gehabt. Aber ich meine, ich verliebe mich in einen Menschen und das ist mir dann egal. Und das ist auch vollkommen ok, wenn es nicht so ist. […] Es war absehbar, dass es bei mir nicht der Fall sein wird, weil ich […] nicht in diesem Netzwerk aktiv bin, nicht aktiv sein will und auch mich da nicht zugehörig fühle und mich da auch nicht WOHL fühle. (ERIK: 82)

Die anderen nehmen es einfach hin, dass mit einer russischsprachigen Nichtjüdin, „genau wie mit den Deutschen, […] ein Teil von gemeinsamen Themen natürlich entfällt" (DENNIS: 34) und suchen die Liebe außerhalb der Netzwerkgrenzen.

7. Schlussbetrachtung

Was bringt und was hält Menschen zusammen? Liebe, Freundschaft, Zuneigung, ein Gefühl angenommen, angekommen und aufgehoben zu sein... Zwischenmenschliche Bande – ob in Beziehungen mit Partnern oder mit Freunden – sind oftmals eine unvergleichliche Bereicherung. Sie können aber auch zu einer einschränkenden Belastung für einen selbst wie für andere werden, denn Ein- und Ausgrenzung sind in unterschiedlichem Maße unausweichlich die Kehrseite der Zu(sammen)gehörigkeit.

Der Nationalbegriff wie auch der Ethnos sind besonders stark einende Kräfte, die manches Mal den Anspruch erheben stärker zu sein als Liebe und Freundschaft. Sie bestimmen „Grenzen, die auf Ein- und Ausgrenzungsmechanismen von Individuen gemäß der Kategorie der Nicht/Zugehörigkeit zu einer bestimmten Bevölkerung, ihren Eigenschaften und Ressourcen abzielen" (Anthias 1992: 91). Der Ethnos wie auch der Nationalgedanke von jungen russisch(sprachigen)en Juden entwickelten sich zu solchen sozialen Grenzen. Ihre Verläufe wurden anhand von 18 (bzw. 14 näher untersuchten) qualitativen Interviews mit männlichen Netzwerkmitgliedern und Außenstehenden zum Themenkomplex der PartnerInnenwahl nachgezeichnet. Die Gespräche sollten einen Einblick in die Gruppenprozesse im russisch-jüdisch-deutschen Kontext gewähren, wobei Präferenzen der Interviewpartner hinsichtlich der Frauen ein spezifischer Einstieg in das Themenfeld waren.

Auslöser für die Ein- und Ausgrenzung des entstandenen Netzwerks waren die ethnisch-religiös bedingte Migration aus den Ländern der ehem. Sowjetunion und die doppelten Fremdheitserfahrung der Einwanderer – als Ausländer in Deutschland und als ‚Russen' in jüdischen Gemeinden. So, aufgrund von gemeinsamen Problemen und Erfahrungen, formierte sich das Netzwerk der sog. dritten Generation parallel zu den bestehenden jüdischen Gemeinden. Dadurch grenzte sich die Gruppe ein und von Fremden ab, denn die sie umgebende Grenze wirkt „sowohl nach innen – als Eingrenzung der Inkludierten – als auch nach außen – als Ausgrenzung des Exkludierten" (nach Alois Hahn, Geisen/Karcher 2003: 11).

„Die ‚Fremden' müssten eventuell erfunden werden, wenn es sie nicht gäbe", erklärt Alois Hahn (2003: 34). Das ‚Wir' kann also nur durch Abgrenzung zu den ‚Anderen' bestehen. Für das hier untersuchte Netzwerk sind die ‚Anderen' klar definiert: das ‚Sie' sind die einheimischen ‚Deutschen'; die ‚Russen' sind die Russlanddeutschen, die zusammen mit Muslimen potentielle ‚Antisemiten' sind; zudem gibt es ‚alteingesessene' deutsche Juden, die die Gemeinden regieren und schließlich israelische Orientalen, von denen man sich distanziert, trotz jeglicher Israelsympathie.

Dabei bedingen sich die „Dramatisierung von Differenzen zur Out-Group" (Hahn 2003: 34) und die „Verharmlosung von Unterschieden zwischen Mitgliedern der In-Group" (ebd.), der sog. Homogeneity Effect und der Ingroup Favoritism.

So different die Netzwerkmitglieder untereinander sein mögen, sind sie durch Solidarität und rege Online-Kommunikation zu einer von klaren Grenzen umgebenen Einheit zusammengewachsen. Das ‚Wir' ist eine homogene Gruppe mit flachen Hierarchien symbolischer Natur geworden. Diejenigen ‚im Zentrum' vertreten das Netzwerk nach Außen und übernehmen organisatorische Aufgaben. Zur Outgroup gehören diejenigen, die sich freiwillig distanzieren, oder die, welche die definierten Zugangskriterien nicht erfüllen. Die Mitglieder zeichnen sich durch Migration aus einem Land der ehemaligen Sowjetunion aus und dementsprechend durch die Russischsprachigkeit; außerdem haben sie jüdische Vorfahren sowie die Bereitschaft sich mit diesem kulturellen Erbe auseinanderzusetzen; und schließlich verbindet sie das geteilte kulturelle und v.a. das soziale Kapital (nach Bourdieu). Die Kenntnis der russischen Sprache und Kultur sind dabei zentrale und sofort erkennbare Merkmale der Zugehörigkeit. Doch nicht alle, die Russisch sprechen und in Deutschland leben, erfüllen die Voraussetzungen, um an dem ‚Wir' im Netzwerk teilnehmen zu dürfen. Nur die, die das Jüdische ‚geerbt' haben, sind zugelassen. Da das Jüdischsein im Netzwerk mehr als eine Ethnie und weniger als eine Religion verstanden wird, wurden die Regeln an die Realität angepasst. Den meisten Mitgliedern sind religiöse Traditionen fremd, sie kennen oder befolgen sie nicht. Viele stammen zudem aus Mischehen und nicht von einer jüdischen Mutter, wie es die Halacha voraussetzt. Trotzdem sehen sie sich als vollwertige Juden.

Ihr Jüdischsein fungiert wie ein Schlüssel zum Netzwerk, das vor allem Stabilität und Sicherheit bietet. Dies sind besonders gefragte Ressourcen gerade für junge zielstrebige Menschen in einem fremden Land. Schließlich muss es gute Gründe geben, wenn man sich einer an ethnische Merkmale fixierte Gemeinschaft anschließt und dadurch Gefahr läuft selbst eingeschränkt oder von anderen ausgegrenzt zu werden. Ein ‚guter Grund' dafür ist die „Gesamtheit der aktuellen und potentiellen Ressourcen" (Bourdieu 1983: 190), also das soziale Kapital, das das Netzwerk zusammenhält. Nach dem Prinzip der direkten und generalisierten Reziprozität (Putnam 2000) ist man bereit einander zu helfen, ohne unmittelbar eine Gegenleistung dafür zu erwarten. „Das kommt in so einen großen Topf. Heute habe ich dir geholfen, morgen hilfst du jemand anderem." (MERON: 126). Besonders wertvoll ist, dass dieses Versprechen von Zusammengehörigkeit und gegenseitiger Unterstützung lebenslänglich hält, denn die Netzwerkmitgliedschaft basiert auf unwiderruflichen Merkmalen wie Ethnie, Sprache und Migrationserfahrung.

Diese Kriterien sind zudem eine Garantie, dass nur ‚Berechtigte' vom Netzwerk profitieren können. Wer viel Vertrauen und Energie in eine Gemeinschaft investiert, möchte wissen, mit wem man es zu tun hat. Deshalb schützen die erwähnten ausschließenden Zugangskriterien die Netzwerkgrenzen vor unerwünschten Fremden. Weil sie durch Assimilation und Globalisierung ständig zu verschwimmen drohen, bedürfen diese Grenzverläufe einer andauernden stabilisierenden Reproduktion. Die permanente Arbeit an den Grenzen macht sie sowohl für Mitglieder als auch für Außenstehende sichtbar. Dies geschieht performativ durch Institutionalisierung des Netzwerks, von den Vertretern ‚im Zentrum' ausgeführt, und vor allem durch interne Kommunikation in der Gruppe.

Wie in einem Dorf, einem ‚global village' in der McLuhan-Galaxis, ist man über Facebook miteinander vernetzt und übereinander informiert. In unregelmäßigen Abständen trifft man sich auch live bei jüdischen Wochenendseminaren und Partys, wo man bekannte Gesichter wiedersieht und, auch wenn die Wahrscheinlichkeit immer kleiner wird, auf neue Gesichter hofft. Vor allem Singles wünschen auf solchen Veranstaltungen die/den Zukünftige(n) zu treffen. Doch leider wird es für junge russisch(sprachig)e Juden innerhalb der Netzwerkgrenzen eng. Mit ca. 1000 Mitgliedern in der größten Facebook-Gruppe und nur 300 aktiven Seminarteilnehmer-Innen ist der Kreis derjenigen, die den Erwartungen entsprechen einfach zu klein.

Wer es ‚wagt' sein Leben mit einer ‚Fremden' von außerhalb zu binden, muss sich schlussendlich entscheiden: entweder die Frau oder das Netzwerk. Die Interviews haben gezeigt, dass beide Welten sich selten vereinen lassen. Auf den ersten Blick scheint es, dass das ‚Wir' über dem ‚Ich' steht und dem Einzelnem Opfer und Einschränkungen abverlangt. Dabei wird in Wirklichkeit keiner (bewusst) zu jeglicher Entscheidung gedrängt, weder seitens der Familie noch durch das Netzwerk. Turners Ansatz untersützt die Beobachtung und wertet die Rolle des 'Ich' auf: „The first question determining group-belongigness is not ‚Do I like these other individuals?', but 'Who am I?'. What matters is how we perceive and define ourselves and not how we feel about the others." (Turner 1982:16) Die Zugehörigkeit zum Netzwerk gibt seinen Mitgliedern offensichtlich so vieles auf sozialer und emotionaler Ebene, dass viele von ihnen sich untrennbar mit der Gruppe identifizieren. Und wer darin so fest verwurzelt

ist, zieht freiwillig das Netzwerk mitsamt Sozialkapital jeder ‚unpassenden'
Partnerschaft vor.

Natürlich versuchen v.a. langjährige Singles Kompromisse einzugehen –
leider meist vergeblich, denn mit ‚anderen' Frauen will es einfach nicht
funktionieren. Viele Versuche scheiterten daran, dass das Netzwerk zu
einnehmend ist, um genügend Raum für eine Partnerschaft außerhalb seiner
Grenzen zu lassen. Und eine Eingliederung der angeheirateten Nichtjüdin
ist beinahe unmöglich, weil die Zusammengehörigkeit so stark und die
Zugangsbedingungen so deutlich sind. Zudem ist Kommunikation mit den
Nicht-Russischsprachigen, trotz fließender Deutschkenntnisse der *dritten
Generation*, häufig ein Problem. Es fehlt das gegenseitige Verständnis
kultureller Feinheiten, wie z.B. Humor oder Flirtverhalten. Auch wenn das
‚Russische' stimmt und der Faktor ‚Jüdisch' fehlt, stoßen viele trotzdem auf
eine Reihe von unüberwindbaren Differenzen, wie z.B. unterschiedliches
Bildungsniveau, geteilte Erfahrungen und Wertvorstellungen. Diese Frauen
teilen nun mal nicht das russisch-jüdisch-deutsche kulturelle bzw. das
‚ethnische Kapital' (Philips/Fishman). Eine entscheidende Rolle spielt
ebenfalls die Befürchtung vor verstecktem Antisemitismus bei der Partnerin
oder in ihrer Familie.

Dabei fungiert das Netzwerk auf vielen Ebenen wie eine
PartnerInnenbörse, die allerdings zu klein ist. Schließlich weiß man eher,
auf wen man sich einlässt, wenn man unter seinesgleichen sucht.
Tatsächlich sind die Hoffnungen der Singles ‚auf Brautschau' nicht
unbegründet, denn viele haben sich bei den Seminaren und in Facebook-
Gruppen ‚gefunden', verliebt und ‚Ingroup-Familien' gegründet. Trotzdem,
auch wenn die qualitative Ausrichtung der Studie keine repräsentativen
Aussagen zulässt, ist es auffällig, dass fast alle, die der Outgroup
angehören, in einer festen langen Beziehung (meist) mit einer
nichtjüdischen Frau leben. Manche von ihnen brauchen nicht einmal das
Russische in ihrem Alltag. Dan dagegen, der, entgegen jeder Ausgrenzung
aus dem Netzwerk hauptsächlich innerhalb der Gruppe auf der Suche war,
teilt das Single-Schicksal mit den meisten Angehörigen der Ingroup.

Es war spannend zu beobachten, wie die Wege der Interviewpartner
überraschende Wendungen nehmen und vom selben Startpunkt in
gegensätzliche Richtungen führen können. Meron kam als Schüler nach
Deutschland und begann sogar sein Russisch zu vergessen. Nun, über 20
Jahre später, ist er längst ‚im Zentrum' des Netzwerks angekommen. Igor
hatte in Russland überhaupt kein Interesse an jüdischen Themen. Dafür ist
er hier in Deutschland zu einer Hauptfigur des Netzwerks geworden. Dennis
dagegen, der sich in der Ukraine sehr viel mit seinem Jüdischsein befasst

hatte, zieht nun entschlossen seine Beziehung zu einer Nichtjüdin dem Netzwerk vor. Und Maxim und Pavel waren zu Beginn in Deutschland gut befreundet, bis ihre Wege sie in unterschiedliche Richtungen führten: Maxim in die ‚deutsche‘ und Pavel in die ‚russisch-jüdische‘.

Wichtig bei dieser Arbeit war „herauszuarbeiten, wie das ‚typische‘ Handeln […] der betreffenden Menschen aussieht […]. Keineswegs geht es in den Kulturwissenschaften um ‚Gesetzmäßigkeiten‘, wohl aber um Tendenzen, also um typische Phänomene." (Girtler 2008). Es zeigte sich, dass wenn Man(n) in das russisch(sprachig)-jüdische Netzwerk der dritten Generation stark eingebunden ist bzw. sein will, währt selbst die romantische Liebe zu einer Nichtjüdin nicht lange. Um einander ‚wirklich verstehen‘ zu können, sollte sie, wie man selbst, Russisch sprechen und kulturell jüdisch sein. Entweder ist diese Präferenz eine bewusste Entscheidung des Mannes, der mit einer jüdischen Frau halachisch-jüdische Kinder zeugen möchte (bspw. Jegor). Oder es stehen dem ungleichen Paar unterschwellige Differenzen im Weg, die sich spätestens bei der Kinderfrage auftun. Doch weil das Netzwerk zu klein für Partnerfindung ist, sind insb. junge Männer auf der Suche nach ‚der Richtigen‘ gezwungen Kompromisse in Erwägung zu ziehen. Diejenigen, die auf Ressourcen des Netzwerks verzichten konnten und die bereit sind ihr Jüdischsein, wenn überhaupt, anderswo auszuleben, haben ihr Glück außerhalb seiner Grenzen gesucht und sich von der Gruppe distanziert. Manche haben aufgrund von nichterfüllten Zugangskriterien vom Netzwerk Ausgrenzung erfahren und sich abgewendet. Und viele der russisch(sprachig)en (Halb-)Juden in Deutschland fühlen sich davon ohnehin nicht angesprochen. Doch wenn man im Netzwerk ‚lebt‘, dann muss die Frau es bestenfalls auch. So sehr prägt eine ‚imagined community‘ (Anderson) seine Mitglieder. Demzufolge ist die freiwillige Eingrenzung in der PartnerInnenwahl eine Folge der sozialen Umstände und der damit verbundenen Netzwerkbildung.

Weil alles im Fluss ist, sind die gegenwärtige Situation und das Netzwerk explizit für die *dritte Generation* relevant. Für ihre Nachtkommen wagt Igor eine ernüchternde Prognose, die dem Netzwerk keine lange Lebensdauer verspricht: „Ich glaube, die Leute werden sich als Deutsch-Juden verstehen. Sie werden ihre Freundeskreise haben. Und sie werden aus diesem öffentlichen jüdischen Leben ausscheiden." (IGOR: 110)

Am Rande der Untersuchung zeichnete sich ab, dass Frauen (im Netzwerk) möglicherweise flexibler mit Zugehörigkeiten ihrer Partner umgehen können. Viele haben gemischte Freundeskreise, schließen ‚nichts und niemanden‘ aus und können besser in exogamen Beziehungen bestehen. Es bietet sich die Hypothese an, dass Männer im Netzwerk mehr Wert darauf legen eine russischsprachige jüdische Partnerin zu finden als Frauen. Inwiefern dies damit zusammenhängt, dass nur Kinder jüdischer Frauen von Geburt an jüdisch sind und ob es weitere (genderspezifische) Gründe gibt, könnte in einer weiterführenden Arbeit untersucht werden. Auch wäre eine klassische Netzwerkanalyse im Umfeld der *dritten Generation* ein spannendes Gegenbeispiel zu der vorliegenden empirischen Forschungsarbeit. Und nicht zuletzt könnte eine Betrachtung der ‚vierten Generation‘, auf die Igor hinweist, eine interessante Entwicklung eine Minderheitengruppe aufdecken.

Zum Schluss stellt sich die Frage: Was bleibt denjenigen, die innerhalb des Netzwerks kein Glück hatten und außerhalb kein Glück finden (können)? Die Ausweglosigkeit der Singles im Netzwerk verleiht ihrer Situation eine gewisse Dramatik, die einen Schatten über das biblische Zitat „wer suchet, der findet" (Matthäus 7:8) wirft. Denn nicht jeder kann und will überall ‚suchen‘. Und wer entsprechend seinem/ihrem Sein innerhalb enger Grenzen ‚finden‘ will, der läuft Gefahr zu scheitern. Diesen Menschen bleibt – ihrer Ansicht nach – keine andere Wahl als sich in Geduld zu üben und auf die/den Richtige(n) zu hoffen und zu warten.

8. Quellenangaben

Literaturverzeichnis und Internetquellen

Anderson, Benedict (1991): *Imagined Communities. Reflections on the Origin and Spread og Nationalism.* Überarbeitete Fassung auf Englisch. Erstausgabe 1983. London, New York: Verso

Anderson, Benedict (1996): *Die Erfindung der Nation. Zur Karriere eines folgenreichen Konzepts.* Deutsche Übersetzung von Benedikt Burkard. Erstausgabe 1983. Frankfurt, New York: Campus Verlag

Anthias, Floya (1992): Parameter kollektiver Identität: Ethnizität, Nationalismus und Rassismus.
In: Institut für Migrations- und Rassismusforschung e.V. (1992): *Rassismus und Migration in Europa:* Beiträge des Hamburger Kongresse ‚Migration und Rassismus in Europa (25.-29. September 1990). Hamburg, Berlin: Argument-Verlag

Becker, Franziska (2001): *Ankommen in Deutschland. Einwanderungspolitik als biographische Erfahrung im Migrationsprozeß russischer Juden.* Berlin: Dietrich Reimer Verlag

Baltes-Löhr, Christel (2003): Grenzverschiebungen. Theoriekonzepte zum Begriff „Grenze".
In: Geisen, Thomas / Karcher, Allen (Hrsg.) (2003): *Grenze: Sozial – Politisch – Kulturell. Ambivalenzen in den prozessen der Entstehung und Veränderung von Grenzen.* Frankfurt/M.: IKO-Verlag für Interkulturelle Kommunikation

Belkin, Dmitrij / Gross, Raphael (2010): Editorische Notiz.
In: Belkin, Dmitrij / Gross, Raphael (Hrsg.) (2010): *Begleitbuch zu Ausstellung ‚Ausgerechnet Deutschland! Jüdisch-russische Einwanderung in die Bundesrepublik'.* Berlin und Frankfurt/M.: Nikolaische Verlagsbuchhandlung GmbH und Jüdisches Museum Frankfurt/M.

Belkin, Dmitrij (2010): Mögliche Heimat: Deutsches Judentum zwei.
In: Belkin, Dmitrij / Gross, Raphael (Hrsg.) (2010): *Begleitbuch zur Ausstellung ‚Ausgerechnet Deutschland! Jüdisch-russische Einwanderung in die Bundesrepublik'.* Berlin und Frankfurt/M.: Nikolaische Verlagsbuchhandlung GmbH und Jüdisches Museum Frankfurt/M., S. 25-29

Bourdieu, Pierre (1983): Ökonomisches Kapital, kulturelles Kapital, soziales Kapital.
In: Kreckel Reinhard (Hrsg.) (1983): *Soziale Ungleichheit.* Soziale Welt, Sonderband 2. Göttingen: Verlag Otto Schwatz

Bourdieu, Pierre (2005): *Das Elend der Welt. Gekürzte Studienausgabe.* Konstanz: UVK Verlagsgesellschaft

Bude, Heinz (1984): Rekonstruktion von Lebenskonstruktionen – eine Antwort auf die Frage, was die Biographieforschung bringt.
In: Kohli, Martin / Robert, Günher (Hrgs.) (2010): Biographie und soziale Wirklichkeit. Stuttgart: Metzler, S. 7-28

Chinitz, Joshua G. / Brown, Robert A. (2001): Religious Homogamy, Marital Conflict, and Stability in Same-Faith and Interfaith Jewish Marriages. In: *Journal for the Scientific Study of Religion.* Vol. 40:4, S. 723-733

Coleman, James S. (1988): Social Capital in the Creation of Human Capital. In: *American Journal of Sociology.* Vol. 94, S. 95-120

Foucault, Michel (1993): *Die Ordnung des Diskurses.* (deutsche Erstausgabe 1974) Frankfurt/M.: Fischer Taschenbuch Verlag

Flick, Uwe (2007): *Qualitative Sozialforschung. Eine Einführung.* Reinbek bei Hamburg: Rowohlts Taschenbuch Verlag

Geisen, Thomas / Karcher, Allen (2003): Einleitung. In: Geisen, Thomas / Karcher, Allen (Hrsg.) (2003): *Grenze: Sozial – Politisch – Kulturell. Ambivalenzen in den prozessen der Entstehung und Veränderung von Grenzen.* Frankfurt/M.: IKO-Verlag für Interkulturelle Kommunikation

Gemeinhardt, Anne (2010): Eine Erneuerung des Judentums in Deutschland. Heinz Galinski und die jüdisch-russische Einwanderung. In: Belkin, Dmitrij / Gross, Raphael (Hrsg.) (2010): *Begleitbuch zur Ausstellung ,Ausgerechnet Deutschland! Jüdisch-russische Einwanderung in die Bundesrepublik'.* Berlin und Frankfurt/Main: Nikolaische Verlagsbuchhandlung GmbH und Jüdisches Museum Frankfurt/M., S. 60f

Girtler, Roland (2008): *Forschungsplan.* Forum: Qualitative Sozialforschung. Social Research. <http://www.qualitative-forschung.de/fqs-supplement/members/Girtler/girtler-forschungsplan-d.html> (Stand: 25.11.2012)

Granovetter, Mark S. (1973): The Strength of Weak Ties. In: *American Journal of Sociology.* Vol. 78:6. S. 1360-1380

haGalil onLine – deutsch-jüdisches Nachrichtenmagazin (2003): *,Umfrage 2002': Die Mitgliederbefragung der Jüdischen Gemeinde zu Berlin.* Online: 08.05.2003 <http://www.berlin-judentum.de/gemeinde/mitgliederbefragung.htm> (Stand: 06.05.2013)

Hahn, Alois (2003): Inklusion und Exklusion. Zu Formen sozialer Grenzziehungen. In: Geisen, Thomas / Karcher, Allen (Hrsg.) (2003): *Grenze: Sozial – Politisch – Kulturell. Ambivalenzen in den prozessen der Entstehung und Veränderung von Grenzen.* Frankfurt/M.: IKO-Verlag für Interkulturelle Kommunikation

Hall, Stuart (1994): *Rassismus und kulturelle Identität. Ausgewählte Schriften.* Deutsche Übersetzung von Matthias Oberg. 2. Hrsg. Ulrich Mehlem. Hamburg: Argument-Verlag

Haller, Dieter (2010): *dtv-Atlas Ethnologie.* München: Deutscher Taschenbuch Verlag

Harris, Marvin (1989): *Kulturanthropologie. Ein Lehrbuch.* Frankfurt/M., New York: Campus Verlag

Haug, Sonja (unter Mitarbeit von Peter Schimany) (2005): Jüdische Zuwanderer in Deutschland. Ein Überblick über den Stand der Forschung. Working

Papers 3/2005. Bundesamt für Migration und Flüchtlinge.
<www.bamf.de/SharedDocs/Anlagen/DE/Publikationen/WorkingPapers/wp
03-juedische-zuwanderer.html> (Stand: 20.03.2013)

Haug, Sonja (unter Mitarbeit von Michael Wolf) (2007): Soziodemographische
Merkmale, Berufsstruktur und Verwandtschaftsnetzwerke jüdischer
Zuwanderer. Working Paper 8. Bundesamt für Migration und Flüchtlinge.
<http://www.bamf.de/SharedDocs/Anlagen/DE/Publikationen/WorkingPape
rs/wp08-merkmale-juedische-zuwanderer.html> (Stand: 20.11.2012)

Helfferich, Cornelia (2004): *Die Qualität qualitativer Daten. Manual für die
Durchführung qualitativer Interviews.* 2. Auflage. Wiesbaden: VS Verlag
für Sozialwissenschaften

Herwig, Rachel Monika (1994): *Die jüdische Mutter. Das verborgene
Matriarchat.* Darmstadt: Wissenschaftliche Buchgesellschaft.

Hradil, Stefan (2006): *Die Sozialstruktur Deutschlands im internationalen
Vergleich.* Wiesbaden: VS Verlag für Sozialwissenschaften

IMB (2013): *Qualität qualitativer Forschung.* Institut für Medien und
Bildungstechnologie, Universität Augsburg.
<http://qsf.e-learning.imb-uni-augsburg.de/node/802> (Stand: 09.05.2013)

Jansen, Dorothea (2006): *Einführung in die Netzwerkanalyse.* Wiesbaden: VS
Verlag für Sozialwissenschaften

Jüdische Gemeinde zu Berlin (2013): *Integration.*
<http://www.jg-berlin.org/institutionen/integration.html> (Stand:
20.03.2013)

Kardorff, Ernst von (1995): Soziale Netzwerke.
In: Flick, Uwe / Kardorff, Ernst von / Keupp, Heiner / Rosenstiel, Lutz von /
Wolff, Stephan (Hrsg.) (1995): *Handbuch Qualitative Sozialforschung.
Grundlagen, Konzepte, Methoden und Anwendugnen.* Weinheim:
Psychologie Verlags Union, S. 402-405

Kessler, Judith (2010a): Krenks & Kränkung.
In: Belkin, Dmitrij / Gross, Raphael (Hrsg.) (2010): *Begleitbuch zu
Ausstellung ‚Ausgerechnet Deutschland! Jüdisch-russische Einwanderung
in die Bundesrepublik‘.* Berlin und Frankfurt/M.: Nikolaische
Verlagsbuchhandlung GmbH und Jüdisches Museum Frankfurt/M., S. 95ff

Kessler, Judith (2010b): Zeittafel zur russisch-jüdischen Zuwanderung nach
Deutschland.
In: Belkin, Dmitrij / Gross, Raphael (Hrsg.) (2010): *Begleitbuch zur
Ausstellung ‚Ausgerechnet Deutschland! Jüdisch-russische Einwanderung
in die Bundesrepublik‘.* Berlin und Frankfurt/M.: Nikolaische
Verlagsbuchhandlung GmbH und Jüdisches Museum Frankfurt/M., S. 176f

Kessler, Judith (2003c): *Kultur: Kultus- oder Kulturjuden?*
In: haGalil onLine – deutsch-jüdisches Nachrichtenmagazin. Online:
08.05.2003
<http://www.berlin-judentum.de/gemeinde/mitgliederbefragung-2.htm>
(Stand 10.05.2013)

Kessler, Judith (2003d): *Kommunikation und Öffentlichkeit: Angekratztes Image.*
In: haGalil onLine – deutsch-jüdisches Nachrichtenmagazin. Online:

08.05.2003
<http://www.berlin-judentum.de/gemeinde/mitgliederbefragung-5.htm>
(Stand 10.05.2013)

Kessler, Judith (2003e): *Resümee und Ausblick Wenig Anlass zu Optimismus: Ein hoffnungsloser Fall?* In: haGalil onLine – deutsch-jüdisches Nachrichtenmagazin. Online: 08.05.2003
<http://www.berlin-judentum.de/gemeinde/mitgliederbefragung-6.htm>
(Stand 10.05.2013)

Kornbluth, Doron (2003): *Why Marry Jewish? Surprising Reasons for Jews to Marry Jews.* Southfiled/Nanuet: Targum/ Feldheim

Kornbluth, Doron (2013): *Homepage.*
<http://www.doronkornbluth.com/index.asp> (Stand: 10.05.2013)

Körber, Karen (2009): Puschkin und Thora? Der Wandel der jüdischen Gemeinden in Deutschland.
In: Brunner, José / Lavi, Shai (Hrsg.): *Juden und Muslime in Deutschland. Recht, Religion, Identität.* Tel Aviver Jahrbuch für deutsche Geschichte, Bd. 37. Göttingen: Wallstein

Lau, Jörg (2000): *Kein Boden für Juden. Nach 1945 schien ein Wiederbeginn jüdischen Lebens in Deutschland undenkbar.*
In: Die Zeit (2000) Nr. 2. <www.hagalil.com/archiv/2000/01/zeit.htm>
(Stand: 20.03.2013)

Legewie, Heiner (1994): Globalauswertung von Dokumenten.
In: Boehm, Andreas / Mengel, Andreas / Muhr, Thomas (Hrsg.) (1994) *Texte verstehen. Konzepte, Methoden, Werkzeuge.* Konstanz: Universitätsverlag Konstanz, S. 176-182

Machelvski, Valeria von (2007): *Jüdisch oder gemischt, per Internet, Agentur oder per Zufall?*
In: Jüdische Zeitung. Januar 2007. <http://www.j-zeit.de/archiv/artikel.196.html > (Stand: 20.06.2013)

Moss, Aron (2013): *Warum raten Rabbiner vom Übertritt ab?*
In: Jüdisch.INFO – A Chabad.org Site
<http://www.de.chabad.org/library/article_cdo/aid/1394434/jewish/Warum-raten-die-Rabbiner-vom-bertritt-ab.htm> (Stand: 10.06.2013)

Much, Theodor: *Kein Konsens in Sicht: Kann „Judentum' definiert werden?*
haGalil onLine – deutsch-jüdisches Nachrichtenmagazin.
<http://www.hagalil.com/judentum/gemeinde/much.htm>
(Stand 10.05.2013)

Pappi, Urban Franz (1987): Die Netzwerkanalyse aus soziologischer Perspektive.
In: Koolwijk, van Jürgen / Wieken-Mayser, Maria (Hrsg.) (1987): Techniken der empirischen Sozialforschung. Bd. 1: Methoden der Netzwerkanalyse. München: R. Oldenbourg Verlag

Philips, Benjamin T. / Fishman, Sylvia Barack (2006): Ethnic Capital and Intermarriage: A Case Study of American Jews. In: *Sociology of Religion*, Vol. 67:4, S. 487-505

Putnam, Robert D. (2000): *Bowling Alone. The Collapse and Revival of American Community.* New York: Simon & Schuster Paperbacks

Raithel, Jürgen (2008): *Qualitative Forschung. Ein Praxiskurs.* Wiesbaden: VS Verlag für Sozialwissenschaften

Renan, Ernest (1882): Was ist eine Nation? Vortrag in der Sorbonne am 11.3.1882. <http://www.dir-info.de/dokumente/def_nation_renan.html> (Stand: 11.06.2013)

Richter, Katrin (11.04.2013): *Interview „Alliyah ist nicht ausschließlich das Ziel"* In: Jüdische Allgemeine, <http://www.juedische-allgemeine.de/article/print/id/15666> (Stand: 30.04.2013)

Rommelspacher, Birgit (2003): Grenzen ziehen. Fremdheit und soziale Distanz. In: Geisen, Thomas / Karcher, Allen (Hrsg.) (2003): *Grenze: Sozial – Politisch – Kulturell. Ambivalenzen in den prozessen der Entstehung und Veränderung von Grenzen.* Frankfurt/M.: IKO-Verlag für Interkulturelle Kommunikation

Rosenthal, Gabriele (2005): *Interpretative Sozialforschung. Eine Einführung.* Weinheim und München: Juventa Verlag

Rumbaut, Rubén G. (2012): Generation 1.5, Educational Experiences Of. In: Banks, James A. (Hrsg.): *Encyclopedia of Diversity in Education.* Thousand Oaks, CA: SAGE Publications

Said, Edward W. (2003): *Orientalism,* London: Penguin Books (Erstausgabe 1978)

Schiffauer, Werner (2002): *Migration und kulturelle Differenz. Studie für das Büro der Ausländerbeauftragten des Senats für Berlin.* Berlin.

Schiffauer, Werner (2008): *Parallelgesellschaften. Wie viel Wertekonsens braucht unsere Gesellschaft? Für eine kluge Politik der Differenz.* Bielefeld: Transcript

Stegbauer, Christian (2002): Reziprozität. Eine Einführung in soziale Formen der Gegenseitigkeit. Wiesbaden: Westdeutscher Verlag

Stegbauer, Christian (2008): Weak and Strong Ties – Freundschaft aus netzwerktheoretischer Perspektive. In: Stegbauer, Christian (Hrsg.) (2010): *Netzwerkanalyse und Netzwerktheorie. Ein neues Paradigma in Sozialwissenschaften.* Wiesbaden: VS Verlag für Sozialwissensch.

Terkessidis, Mark (1999): Globale Kultur in Deutschland. Oder: Wie unterdrückte Frauen und Kriminelle die Hybridität retten. In: *Parapluie – Elektronische Zeitschrift für Kulturen, Künste, Literaturen* <http://parapluie.de/archiv/generation/hybrid/> (Stand: 06.05.2013)

Treiber, Diana (1998): *„Lech Lecha": jüdische Identität der zweiten und dritten Generation im heutigen Deutschland.* Pfaffenweiler: Centarius-Verl.-Ges.

Turner, J. C. (1982): Towards a cognitive redefinition of the social group. In: Tajfel, Henri (Hrsg.): *Social identity and intergroup relations.* Cambridge, MA: Cambridge University Press

Werth, Lioba / Mayer, Jennifer (2008): *Sozialpsychologie.* Berlin, Heidelberg: Springer-Verlag

Winter, Alan J. (2002): Consistency and Importance of Jewish Identity and One's Own or One's Child's Intermarriage. In: *Review of Religious Research*, Vol. 44: 1, S. 38-57

Yuval-Davis, Nira (1996): Women and the Biological Reproduction of 'the Nation'. In: *Women's Studies International Forum*, Vol. 19: ½, S. 17-24

Yuval-Davis, Nira (2001): Geschlecht und Nation. Emmendingen: verlag die brotsuppe

Zentralrat der Juden in Deutschland (2013a): *Mitglieder.* <http://www.zentralratdjuden.de/de/topic/5.html> (Stand: 20.03.2013)

Zentralrat der Juden in Deutschland (2013b): *Integration.* <http://www.zentralratdjuden.de/de/topic/7.html> (Stand: 20.03.2013)

Waldenfels, Bernhard (2006): *Grundmotive einer Phänomenologie des Fremden.* Frankfurt/M.: Suhrkamp

Mündliche Quellen

18 qualitative teilnarrative Interviews

Seminar ‚*20 Jahre jüdischer Einwanderung in die Bundesrepublik. Nach dem Holocaust zum Aufschwung. Jüdische Gesellschaft im Umbruch*' (23.-25.07.2010). BJSD e.V., Frankfurt/ M.

<Polian 24.07.2010>
Polian, Pavel (Prof. für Neuere und Osteuropäische Geschichte, Schwerpunkt Migrationsgeschichte, Albert-Ludwigs-Universität Freiburg) (24.07.2010): Vortrag ‚*Vielfalt jüdischer Identitäten und Veralterung der Halacha*'

<Wolffsohn 25.07.2010>
Wolffsohn, Michael (Prof. em. für Neuere Geschichte, Forschungsstelle Deutsch-Jüdische Zeitgeschichte, Universität der Bundeswehr München) (25.07.2010): Vortrag ‚*Beginn der Einwanderung, das Land Zion und die innerjüdische Situation der Gegenwart*'

Berliner Arbeiten zur Erziehungs- und Kulturwissenschaft

Die Reihe *Berliner Arbeiten zur Erziehungs- und Kulturwissenschaft*, herausgegeben von Christoph Wulf, verfolgt das Ziel, herausragende Abschlussarbeiten einer breiteren Öffentlichkeit zugänglich zu machen. Die hier veröffentlichten theoretischen, historischen und empirischen Beiträge repräsentieren die Bandbreite und Qualität der wissenschaftlichen Ausbildung. Damit sprechen sie sowohl das an kleineren, aber präzisen und originellen Studien interessierte Fachpublikum an als auch Studierende, die in den hier publizierten Arbeiten Modelle und Anregungen für ihre eigenen Projekte finden können.

In diesem Band

Judentum vererbt sich über die Mütter. Doch warum ist vielen, meist säkularen Juden aus der ehemaligen Sowjetunion nicht nur die Herkunft, sondern auch die jüdische Abstammung ihrer Partnerin so ausgesprochen wichtig? Die Autorin beschreibt, ausgehend von ihrer Studie über die Partnerinnenwahl dieser Männer, das deutschlandweite, vom sozialen Kapital zusammengehaltene Netzwerk dieser Migrantengruppe. Im Mittelpunkt der Arbeit stehen die Grenzverläufe sowie die Ein- und Ausgrenzungsprozesse des russisch-jüdisch-deutschen Netzwerks.

Autor

Ekaterina Supyan, M.A., Jg. 1986, Studium der Medien- und Kulturwissenschaft sowie der Interkulturellen Kommunikation in Düsseldorf, Melbourne, Prag und Frankfurt/Oder. Praktische Spezialisierung auf Projekt- und Veranstaltungsorganisation zur Netzwerkbildung, insb. im Nonprofit-Bereich. Ausbildung zur interkulturellen Trainerin und Sprachvermittlerin vom Deutsch-Französischen Jugendwerk und von der Stiftung Deutsch-Russischer Jugendaustausch. Mehrjährige Tätigkeit als Projektkoordinatorin für internationale Begegnungen in der non-formalen Jugend- und Erwachsenenbildung. Schwerpunktthemen sind u.a. Osteuropa, ‚gelebtes‘ Judentum sowie interkultureller und interreligiöser Dialog.

Logos Verlag Berlin
ISBN 978-3-8325-3685-5
ISSN 1616-8860

ISBN 978-3-8325-3685-5